KB272436

촉매 전략,
마케팅과 혁신의 융합

비즈니스 성공을 가속하는 과학적 원리

촉매 전략,
마케팅과 혁신의 융합

Catalyst Strategy: The Fusion of Marketing and Innovation

고기호 지음

좋은땅

프롤로그

모든 개인과 조직은 성공적인 결과를 얻기 위해 계획하고 노력한다. 누구나 성공의 원칙과 지름길을 알고 싶어 하지만, 현실에서는 성공보다 실패가 더 익숙하다. 그렇기 때문에 과학적이고 합리적인 방법론을 이해하는 일이 더욱 중요해진다. 촉매적 접근은 이러한 복잡한 경영 문제를 명확하게 해석하고 성공 확률을 높이는 데 도움이 되는 실질적 도구가 될 수 있다.

혁신을 통해 조직의 경영성과를 획기적으로 끌어올리고자 한다면, 이 책은 그 방법을 체계적으로 제시한다. 과거의 성공 기업들이 어떤 촉매 요소를 통해 성장했는지를 분석하고, 현재의 환경에서 어떤 핵심 역량이 촉매제로 기능할 수 있는지를 파악하도록 돕는다. 나아가 미래의 유망 비즈니스 모델과 전략 방향을 제시함으로써, 독자가 새로운 도전을 시작하는 데 필요한 실전적 인사이트를 제공한다.

이 책은 경영학을 공부하는 대학생부터 사업을 준비하는 직장인, 혁신과 성과 창출을 고민하는 기획 담당자, 그리고 마케팅에 관심 있는 실무자 등 다양한 독자에게 실질적 도움을 주고자 한다. 이를 위해 '촉매'라는 과학적 개념을 비즈니스 성장과 마케팅 전략에 접목하여 경영 현장을 새로운 관점으로 해석하는 융합적 접근을 제시한다. 만약 독자 역시 비슷한 고민을 안고 있다면, 이 책에서 다루는 '촉매 원리'가 해결의 실마리가 될 것이다. 촉매의 본질을 이해하면 문제를 바라보는 관점이 달라지고, 전략의 방향이 새롭게 전환되며, 조직의 변화 속도 역시 비약적으로 높아질 수 있다.

필자는 오랜 기간 정밀화학 분야에서 촉매를 설계하고 제조하며 실제 사업화에 기여한 연구개발 업무를 수행해 왔다. 촉매 반응의 세계는 철저히 과학과 논리에 기반하여 움직이며, 산업 전반에서 수많은 혁신을 가능하게 해 왔다. 이러한 촉매 기반 지식과 사고방식을 경영 전략에 적용해 보고자 마케팅을 전공하게 되었고, 그 과정에서 중요한 사실들을 발견했다.

특히 촉매 개념을 통해 기업 경영에서 혁신이 어떻게 시작되고, 어떤 방식으로 변혁이 실제 성과로 이어지는지를 다양한 성공 사례를 바탕으로 해석하고자 했다. 이를 위해 먼저 촉매·촉매제·촉매반응의 원리를 살펴보고, 비즈니스 환경에서 경영성과를 가속하는 촉매 작용이 어떻게 발현되는지 분석하였다. 새로운 시각으로 현상을 바라보면, 획기적 성과는 결코 우연이 아니라 정교하게 설계된 전략이 촉매처럼 작용한 결과임을 이해할 수 있다. 이러한 과학적 메커니즘을 마케팅 전략에 적용하면 기업이 어떤 조건에서 빠르게 성장할 수 있는지를 보다 명확하게 예측할 수 있다. 또한 미래 산업에서 촉매 역할을 할 요인을 제시하여 새로운 전략 수립에 필요한 방향성을 한 권의 책으로 정리하였다.

이 책의 구성은 촉매의 기초 개념에서 출발하여 마케팅 전략, 실제 적용 사례, 그리고 미래 비즈니스 트렌드까지 단계적으로 확장된다. 제1장은 비즈니스 성장 과정에서 '촉매 요인'이 수행하는 역할을 정의하고, 제2장은 화학·환경·에너지 등 다양한 분야에서 활용되는 촉매 개념을 설명한다. 제3장은 마케팅의 기본 원리와 전략적 접근 방식을 다루며, 제4장은 브랜드와 소비자 행동에서 촉매 효과가 어떻게 발현되는지를 구체적으로 분석한다.

특히 제5장과 제6장은 애플, 넷플릭스 등 글로벌 혁신 기업의 성공을 촉매적 관점에서 조명한다. 스스로 크게 소모되거나 변화하지 않으면서도 시장의 속도와 방향을 결정적으로 앞당기는 사고방식과 전략이 어떻게 작동했는지를 상세히 탐구한다. 더 나아가 AI, 스마트팜 등 미래 산업에서 촉매 역할을 할 기술과 전략을 제시하여, 독자가 새로운 성장 기회를 설계할 수 있도록 실질적 인사이트를 제공한다.

경영전략과 마케팅 분야에서는 그동안 다양한 분석 도구와 해결책이 제시되어 왔다. 그러나 대부분 기존의 경영학 틀을 크게 벗어나지 못한 반복적 논리였다. 이 책은 한발 더 나아가 화학 반응에서 촉매가 반응 속도를 비약적으로 높이면서도 스스로는 변하지 않는 원리를 경영 현장에 적용하는 것이다. 이러한 과학적 개념을 경영 전략과 연결해 보면, 탁월한 성과를 만들기 위해 필요한 핵심 요인이 보다 명확하게 드러난다. 또한 다양한 성공 사례를 통해 촉매적 요소가 어떻게 작동하는지 쉽게 이해할 수 있으며, 실전 마케팅에 적용 가능한 구체적 방법론을 제시한다는 점에서 차별성을 갖는다.

세상을 변화시키는 기술과 제품의 성장 뒤에는 대부분 촉매적 요인이 존재한다. 경영 전략과 마케팅에서도 촉매는 분명히 작동하며, 그것이 활성화될 때 기업은 놀라운 성과를 만들 수 있다. 이 책은 바로 그 '변화를 가속하는 힘'을 이해하고 실제 현장에서 활용할 수 있도록 돕기 위한 안내서이다.

제1장

촉매와 마케팅 융합

촉매기업이란

우리가 화학에서 말하는 촉매(catalyst)는 반응을 직접 일으키지는 않지만, 반응이 훨씬 쉽게 일어나도록 돕는 물질을 뜻한다. 경제와 경영의 세계에서도 이와 같은 역할을 하는 존재가 있다. 바로 '촉매기업(catalyst company)'이다.

촉매기업은 스스로 물건을 생산하거나 서비스를 제공하지 않더라도,

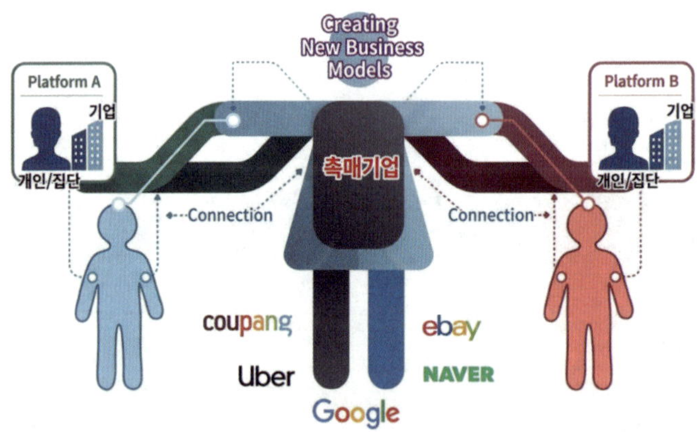

집단이나 개인 사이의 거래를 연결하는 촉매기업

두 집단 사이의 연결을 통해 가치를 창출하는 비즈니스 모델이다. 쉽게 말해, 서로를 필요로 하지만 직접 만나기 어려운 집단을 찾아내어 이들을 효과적으로 이어 주는 '중매인' 역할을 하는 기업이라고 생각하면 된다.

연결자로서의 촉매기업

대표적인 예가 결혼 중개소나 부동산 중개업이다. 이들은 물건을 만들지 않지만, 사람과 사람, 사람과 자산을 연결함으로써 수익을 얻는다. 예를 들어, 결혼정보회사는 결혼을 원하는 사람들을 만나게 하고, 부동산 중개업체는 집을 사고 싶은 사람과 팔고 싶은 사람을 이어 준다.

온라인 세계에서는 이 역할이 너욱 확대되었나. 이베이(eBay)는 개인과 개인이 물건을 사고팔 수 있는 거대한 시장을 만들어 주었고, 에어비앤비(Airbnb)는 숙소를 빌려주려는 사람과 여행객을 연결하여 전통적인 호텔 산업의 판도를 바꾸었다. 이처럼 촉매기업은 "만남의 장"을 설계하고 거래가 일어나는 무대를 마련하는 것만으로도 엄청난 부가가치를 창출한다.

관중을 모으는 '플랫폼형' 촉매기업

또 다른 형태의 촉매기업은 '관중 동원자' 역할을 하는 플랫폼이다. 이들은 먼저 수많은 사용자를 한곳에 모아놓고, 그 집단을 대상으로 광고나 콘텐츠를 제공해 수익을 올리는 구조를 갖는다.

예를 들어, 구글(Google)은 검색 서비스를 통해 전 세계 수십억 명의 사용자를 모은 뒤 광고를 노출시켜 막대한 수익을 올리고 있다. BBC, 월스트리트 저널 역시 독자를 모은 뒤 광고와 콘텐츠 유료화를 통해 비즈니스를 운영한다.

21세기는 초연결 사회다. 전 세계가 인터넷으로 하나로 연결되고, 정보와 서비스가 실시간으로 교환되는 지금, 촉매기업은 더 이상 선택이 아니라 필수적인 비즈니스 모델이다. 미래의 경쟁은 "무엇을 만들 것인가"보다 "누구를 연결할 것인가"의 싸움이 될 것이다. 그리고 이 연결을 통해 새로운 가치를 창출하는 기업이 바로, 우리가 말하는 '촉매기업'이다.

기반 환경을 제공하는 촉매기업

조금 더 기술적인 차원에서는 공통 운영환경을 만들어 주는 기업도 촉매기업의 범주에 포함된다. 예를 들어 마이크로소프트(Microsoft)는 윈도우 운영체제를 통해 전 세계 수많은 소프트웨어 기업들이 제품을 개발하고 실행할 수 있는 기반을 제공한다. 소니 플레이스테이션(PlayStation) 역시 개발자와 게이머가 만날 수 있는 플랫폼을 마련한다. 이런 기업들은 '기반(플랫폼)'이라는 촉매를 제공함으로써, 다른 기업과 사용자가 쉽게 만나고 상호작용할 수 있는 환경을 조성한다.

촉매기업의 성공 비결

성공적인 촉매기업이 되기 위해서는 몇 가지 공통된 전략이 필요하다. 첫째, 서로를 필요로 하는 두 집단의 니즈(needs)를 정확히 파악해야 한다. 둘째, 가능한 한 많은 사용자를 모아 거래나 교류를 촉진해야 한다. 셋째, 가격 전략과 수익 모델을 세심하게 설계하여 참여자 모두가 이득을 느끼도록 해야 한다. 마지막으로, 거래 비용을 최소화하고 서비스 접근성을 극대화하는 것이 중요하다. 결국 촉매기업의 본질은 단순하다. 필요한

    촉매 전략, 마케팅과 혁신의 융합

사람들이 쉽게 모여 서로 교류할 수 있는 공간을 제공하는 것, 이것이 촉
매기업이 가진 가장 큰 가치다.

기업 성장의 중요한 촉매제 요인들

규모의 경제

경영학에서 자주 등장하는 중요한 개념 중 하나가 바로 '규모의 경제(Economies of Scale)'이다. 말이 조금 어렵게 느껴질 수 있지만, 쉽게 풀면 "많이 만들수록 단위당 비용이 줄어드는 현상"을 뜻한다.

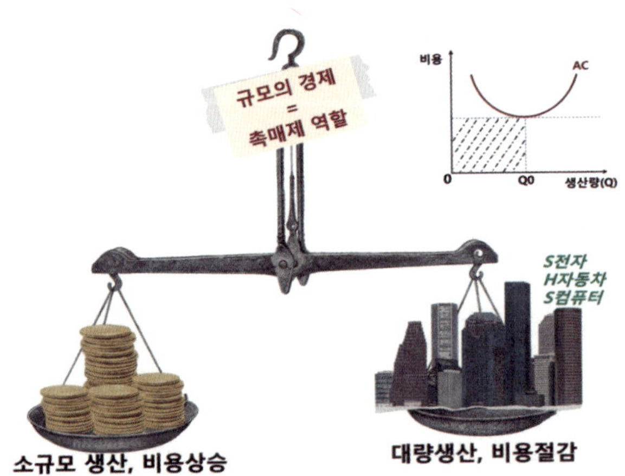

규모의 경제의 촉매제 역할과 산업

예를 들어 보자. 동네에서 케이크를 한두 개만 구워 판다고 해 보자. 재료는 소량으로 사야 하니 비싸게 살 수밖에 없고, 오븐은 켜도 절반 이상이 비어 있을 것이다. 그런데 만약 하루에 수십, 수백 개의 케이크를 굽는다면 이야기가 달라진다. 밀가루와 설탕은 대량으로 저렴하게 사들일 수 있고, 오븐도 꽉 채워 돌리니 효율이 훨씬 높아진다. 그 결과, 케이크 한 조각을 만드는 데 드는 평균 비용이 크게 떨어지는 것이다. 이것이 바로 규모의 경제가 작동하는 순간이다.

기업 경쟁력의 촉매제

규모의 경제는 단순한 숫자의 문제가 아니다. 이는 기업 경쟁력을 키워 주는 촉매제와 같다. 즉 대량 생산을 통해 제조 원가를 낮추고, 절감된 비용을 다시 혁신과 연구개발에 투자하며, 더 저렴한 가격과 높은 품질을 소비자에게 제공한다.

이러한 선순환이 반복되면 기업은 자연스럽게 가격 경쟁력을 확보하고, 나아가 브랜드 신뢰와 글로벌 시장에서의 영향력까지 확대할 수 있다. 결국 규모의 경제는 단순히 비용 절감에서 멈추지 않고, 기업의 이미지와 시장 지위까지 높여 주는 숨은 원동력인 셈이다.

"그렇다면 대기업만 가능한 이야기 아닐까?"라는 의문이 생길 수 있다. 하지만 꼭 그렇지만은 않다. 지역 내 여러 중소기업이 모여 공동으로 원자재를 대량 구매한다면, 각자 따로 사는 것보다 훨씬 낮은 가격으로 원료를 확보할 수 있다. 이렇게 절감한 비용을 다시 혁신적인 제품 개발이나 서비스 개선에 투자하면, 작은 기업들도 규모의 경제가 주는 혜택을 충분히 누릴 수 있다.

예를 들어, 지역 내에서 중소기업들이 협력하여 공동으로 원자재를 구매하면 단가를 줄이고, 이로 인해 발생하는 비용 절감 효과를 다른 부문에 재투자하여 혁신적인 제품이나 서비스로 이어질 수 있을 것이다. 결론적으로, 규모의 경제는 단순히 이론적인 개념이 아닌 실제 기업 운영에 있어 중요한 촉매제 요소이며, 이를 활용하는 방향으로 전략을 세우는 것이 향후 성공적인 경영에 큰 도움이 될 것이다.

생산유발효과

경제학에는 "생산유발효과"라는 흥미로운 개념이 있는데, 파급의 연쇄를 일으키는 보이지 않는 파도와 같다. 조금 학술적으로 들리지만, 사실은 우리의 일상과 아주 밀접한 이야기이다. 간단히 말해, 어떤 상품이나 서비스에 대한 최종 수요가 발생했을 때, 그것이 다른 산업으로까지 연쇄적으로 긍정적인 파급 효과를 일으키는 현상을 뜻한다.

자동차 산업을 떠올려 보자. 어느 제조업체가 생산량을 크게 늘린다면 어떤 일이 벌어질까? 우선 자동차 부품을 만드는 1차 협력업체들이 바빠지고, 다시 이들 업체에 원자재를 공급하는 철강·화학 산업도 생산을 확대하게 된다. 심지어 운송업, 정비 서비스업, 광고업 등까지 덩달아 활기를 띠게 된다. 즉, 한 산업의 생산 증대가 다른 산업을 자극해 전체 경제를 밀어 올리는 효과, 이것이 바로 생산유발효과이다.

카페 하나가 불러온 지역 경제의 변화

좀 더 가까운 예를 들어 보자. 어느 지역에 작은 카페가 새로 문을 열었다고 할 때, 단순히 커피 몇 잔을 파는 일로 끝나지 않는다. 카페는 원두를 사 와야 하고, 빵을 공급받아야 하며, 인테리어와 가구를 들여야 한다. 여기에 새로 고용된 직원들이 생기고, 이들이 지역 식당이나 마트에서 소비를 하게 된다. 결과적으로 하나의 카페가 부동산, 농업, 유통, 서비스업에까지 긍정적인 파급을 일으키는 것이다.

수제맥주 양조장이 촉발한 문화의 물결

실제로 한 지역에 작은 수제맥주 양조장이 들어선 적이 있다. 처음에는 단순히 맥주를 생산하고 판매하는 소규모 사업처럼 보였다. 그러나 이 양조장을 중심으로 바(bar)와 레스토랑이 하나둘 문을 열기 시작했고, 양조장을 배경으로 한 지역 축제와 음악 공연이 열리면서 외부 관광객들이 몰려들었다. 그 결과 지역 경제는 눈에 띄게 활기를 띠었고, 주민들의 삶의 질까지 향상되었다. 이처럼 생산유발효과는 단순한 숫자 이상의, 지역 사회를 변화시키는 촉매제 역할을 하는 셈이다.

이 개념은 지역 단위에서만 끝나지 않는다. 정부가 특정 산업에 지원금을 투입하면, 그 자본은 곧 생산 확대를 촉발하게 된다. 생산이 늘면 고용이 증가하고, 고용이 늘면 소비 여력이 확대되어 다시 경제 전체가 성장하는 구조가 만들어진다. 특히 청년층 일자리에 집중적인 투자가 이뤄진다면, 그 효과는 더 크게 사회 전반으로 퍼져 나갈 것이다.

결론적으로 생산유발효과는 결국 경제가 단절된 개별 산업의 집합이 아니라, 서로 긴밀히 연결된 유기적 네트워크라는 사실을 보여 준다. 하나의 변화가 도미노처럼 연쇄 반응을 일으켜 사회 전반의 활력을 불러일으키는 것이다. 그리고 이러한 선순환이 제대로 작동할 때, 생산유발효과는 경제 성장의 강력한 촉매제가 된다.

기술 허브

어느 도시에 작은 마을이 있었다. 이 마을에는 각자의 꿈을 품은 사람들이 모여들었다. 어떤 이는 세상을 바꿀 새로운 아이디어를 가지고 있었고, 또 어떤 이는 투자할 곳을 찾고 있었다. 누군가는 경험을 나누고 싶어 했고, 누군가는 단지 좋은 인연을 만나고 싶어 했다. 하지만 혼자 힘으로는 아무것도 시작하기 어려운 사람들이 대부분이었다.

그러던 어느 날, 마을 한가운데 '기술 허브'라는 특별한 광장이 생겼다. 이곳에서는 창업자들이 서로의 아이디어를 꺼내 놓고, 개발자들이 기술을 나누며, 투자자들이 가능성을 발견할 수 있었다. 경험 많은 멘토들은 지나가는 젊은 창업자에게 조용히 조언을 건넸고, 해외에서 온 손님은 새로운 시장의 길을 알려 주었다. 기술 허브는 단순한 장소가 아니라, 꿈을 가진 사람들이 모여 서로를 키워 주는 혁신의 장이 된 것이다.

이 광장에는 또 다른 비밀이 있었다. 바로 '촉매제'의 힘이었다. 사람들은 그저 만나기만 한 것이 아니라, 마치 화학 반응처럼 빠르게 협력하고, 생각보다 훨씬 짧은 시간 안에 결과를 만들어 냈다. 원래라면 수년이 걸렸을 성과가, 기술 허브에서는 몇 달 만에 눈앞에 나타났다. 바로 촉매제가 작동한 것이다.

실제로도 비슷한 일이 있었다. 우버는 택시 기사와 승객을 연결하는 기술 허브가 되었고, 에어비앤비는 집을 가진 사람과 여행자를 이어 주었다. 단순한 연결에서 출발했지만, 참여자가 많아지자 그 가치가 기하급수적으로 커졌다. 사람들은 더 편리하게 이동하고, 더 다양하게 여행할 수 있게 되었으며, 기업은 전 세계에서 가장 영향력 있는 플랫폼으로 성장하게 되었다.

기술 허브는 결국 마을 하나만 바꾸지 않았다. 그곳에서 자라난 기업들은 지역 경제를 살리고, 일자리를 만들고, 더 나아가 사회 전체에 새로운 기회를 열어 주었다. 그리고 사람들은 깨닫게 되었다. 기술 허브는 단순히 공간이 아니라, "혁신을 촉진하는 촉매제"라는 사실을 말이다.

기업 성장을 이끄는 촉매제 이야기

한 기업이 있었다. 제품은 훌륭했지만, 아무도 그 가치를 알지 못했다. 고객의 눈길을 끌지도 못하고, 시장에서의 존재감도 미약했다. 그러던 어느 날, 기업은 깨달았다. "우리의 성장을 이끌어 줄 촉매제가 필요하다." 바로 그 촉매제가 마케팅 기법이었다.

마케팅 기법은 광고, SNS, 이벤트, PR 등 다양한 통로를 통해 고객에게 다가간다. 단순히 제품을 알리는 데 그치지 않고, 고객의 욕구를 자극하여 실제 구매로 이어지게 한다. 할인 행사와 특별 프로모션은 고객의 발길을 끌어내고, 기업의 매출은 자연스럽게 늘어나게 된다. 이 과정에서 마케팅은 단순한 전시가 아니라, 고객을 만나고 관계를 쌓는 창구가 된다.

기업의 가치는 제품만으로 평가되지 않는다. 마케팅은 브랜드의 이미지를 만들고 관리하는 중요한 도구이다. 긍정적인 이미지를 가진 브랜드는 고객의 마음속에 오래 남는다. 고객은 다시 돌아오고, 충성도는 높아진다. 이는 경쟁 기업과의 차별화를 가능하게 하며, 결국 시장 속에서 경쟁력을 강화하는 힘으로 작용한다.

마케팅 기법은 단순히 홍보 수단이 아니다. 고객의 니즈를 파악하고, 트렌드를 읽어내며, 경쟁사의 움직임까지 분석하는 눈이 된다. 이런 정보는 제품 개발, 가격 정책, 서비스 개선 등 다양한 의사 결정에 반영되어 기업을 더 건강하게 성장시킨다. 즉, 마케팅은 시장의 나침반이자, 기업을 올바른 길로 이끄는 안내자가 된다.

결국 마케팅 기법은 단순한 기법이 아니라 기업 성장을 가속화시키는 촉매제이다. 고객을 불러 모으고, 브랜드를 단단히 세우며, 미래를 준비하게 만든다. 이 과정을 통해 기업은 지속적인 성장을 이룰 수 있고, 시장에서 더욱 빛나는 존재가 될 수 있다.

비즈니스 성장과 발전을 위한 촉매의 힘

오늘날의 비즈니스 환경은 그 어느 때보다 빠르게 변하고 있다. 기업은 치열한 경쟁 속에서 살아남고, 또 성장하기 위해 늘 새로운 전략을 찾아야 한다. 이런 상황에서 비즈니스 성장과 발전을 위한 촉매제의 중요성은 아무리 강조해도 지나치지 않다. 촉매는 자연과학에서는 반응 속도를 빠르게 하고, 결과를 쉽게 이끌어 내는 존재이다. 비즈니스 세계에서 촉매제는 기업이 성장할 수 있도록 길을 열어 주고, 확장을 가능하게 하며, 성공의 발판을 다지게 하는 힘이 있다.

비즈니스 성공을 위한 촉매제는 여러 가지 모습으로 나타날 수 있다. 기술 혁신, 고객 서비스의 우수성, 급변하는 시장 동향에 대한 빠른 적응성, 리더십, 협업, 그리고 구성원의 역량 개발 등이 대표적이다. 이러한 요소들은 각각 기업의 성장을 촉진하는 역할을 하며, 효과적으로 결합될 때에는 강력한 시너지 효과가 있다.

기업이 각 촉매제의 역할을 정확히 이해한다면, 더 현명한 결정을 내릴 수 있다. 또한 빠르게 변하는 시장 환경 속에서 지속 가능한 전략을 세울 수 있다. 결국, 촉매를 잘 활용하는 기업이 더 빠르게 성장하고 더 멀리 나아가는 것이다.

지속적인 성장과 발전을 위한 촉매제

성장을 촉진하는
효과적인 촉매제인 마케팅 전략

마케팅 전략은 단순히 광고를 하는 것이 아니다. 이는 시장에서 고객을 찾고, 확보하고, 유지하는 것을 목표로 하는 다양한 활동을 포함한다. 효율적인 마케팅 전략은 브랜드 인지도를 높이고, 자산을 구축하며, 제품이나 서비스에 대한 수요를 새롭게 창출하게 된다. 그래서 마케팅 전략은 비즈니스 발전과 성장을 가속화하는 중요한 촉매제라 할 수 있다.

마케팅 전략은 고객을 이해하는 것에서 출발한다. 시장조사는 고객의 요구, 선호도, 행동을 분석하는 과정이며, 시장세분화는 특정 고객층을 타겟팅 할 수 있게 해 준다. 예를 들어, 젊은 층을 위한 제품과 중 장년층을 위한 서비스는 접근 방식이 달라야 한다. 이런 세밀한 조사가 뒷받침될 때 기업은 맞춤형 전략을 세울 수 있는 것이다.

브랜드와 포지셔닝, 차별화를 만드는 힘

강력한 브랜드는 단순한 이름이나 로고를 넘어선다. 기업의 정체성과 이야기를 담고 있으며, 고객 인식에 직접적으로 영향을 미친다. 기억에 남는 로고, 독특한 브랜드 개성, 매력적인 스토리텔링은 고객 충성도를 높이고 기업 성장을 촉진한다. 결국, 브랜드는 시장에서 차별화된 위치를 만들어 내는 중요한 촉매제이다.

효과적인 콘텐츠 마케팅은 단순한 정보 전달이 아니라 고객과의 정서적 교감을 가능하게 한다. 가치 있고 의미 있는 콘텐츠를 제공하면, 고객은 기업을 신뢰하고 자연스럽게 관계를 이어 가게 된다. 결국 스토리텔링은 소비자가 단순 구매자가 아닌 '브랜드 팬'으로 성장하게 만드는 촉매제가 된다.

오늘날의 마케팅은 디지털 채널 없이는 설명할 수 없다. 소셜 미디어, 검색 엔진 최적화(SEO), 이메일 마케팅, 클릭당 지불(PPC) 광고 등은 소비자와의 접점을 넓히는 핵심 도구이다. 이런 채널을 통해 기업은 시장의 니즈를 파악하고, 잠재 고객을 충성 고객으로 전환할 수 있다. 디지털 마케팅은 기업과 고객을 잇는 중요한 다리가 되는 것이다.

결국 마케팅 전략은 단순한 홍보 활동이 아니다. 시장을 이해하고, 브랜드를 강화하고, 콘텐츠와 스토리로 신뢰를 쌓으며, 디지털 도구로 고객과 연결하는 전 과정이 곧 비즈니스 성장을 위한 촉매제이다. 이 과정을 효과적으로 실행하는 기업만이 경쟁이 치열한 시장에서 성공할 수 있는 것이다.

성공을 위한 시장 동향 분석과 대응

오늘날 비즈니스 환경은 빠르게 변하고 있다. 기술 발전, 소비자 선호 변화, 글로벌 이벤트와 같은 요인들은 시장을 끊임없이 진화시키고 있다. 이런 상황에서 변화를 수용하고 앞서 나가는 기업은 새로운 기회를 포착할 수 있으며, 경쟁사보다 뛰어난 성과를 내게 된다. 따라서 시장 동향에 신속하게 대응하는 능력은 기업 성장을 위한 필수적인 촉매제라 할 수 있다.

시장 동향을 이해하는 것은 새로운 고객 트렌드와 판매 기회를 찾는 첫 걸음이다. 이를 위해 기업은 업계 이슈를 꾸준히 업데이트하고, 경쟁사의 움직임을 분석하며, 시장조사 보고서를 참고해야 한다. 이렇게 수집한 정보는 전략을 세우는 중요한 재료가 되며, 기업은 기회를 놓치지 않고 선제적으로 대응할 수 있게 된다.

민첩성과 유연성, 대응력을 키우는 문화

변화에 성공적으로 대응하기 위해서는 기업 내부의 민첩성과 유연성 있는 문화가 필요하다. 경영 자원을 신속히 재분배하거나, 제품을 개선하거나, 비즈니스 모델을 최적화하는 작업은 유연한 조직에서 가능하다. 이러한 문화가 정착된 기업은 변화에 휘둘리지 않고, 오히려 변화를 성장의 기회로 삼을 수 있다.

변화에 대응하려면 항상 고객을 중심에 두어야 한다. 고객의 니즈와 선호도를 주기적으로 파악하고, 설문조사와 데이터 분석을 통해 통찰을 얻는 것이 중요하다. 이러한 과정을 통해 기업은 제품, 서비스, 마케팅 전략을 시장 흐름에 맞게 조정할 수 있다. 결국 고객 중심 사고는 기업을 지속 성장으로 이끄는 중요한 촉매제가 된다.

지속적인 학습과 개선은 변화 수용의 핵심이다. 기업은 구성원들이 새로운 기술을 익히고, 혁신 문화를 경험하며, 워크숍이나 촉매 프로그램에 참여하도록 장려해야 한다. 혁신을 수용하는 동시에 기존 고객과의 신뢰를 유지하는 균형이 필요하다. 중요한 결정을 내리기 전에는 잠재적 위험과 이익을 신중히 평가해야 하며, 이를 통해 기업은 안정성과 혁신을 동시에 확보할 수 있다.

성공을 위한 시장 동향 분석과 대응

변화를 두려워하는 기업은 뒤처지게 된다. 반면 변화를 적극적으로 수용하고 빠르게 적응하는 기업은 새로운 기회를 창출하며 성장할 수 있다. 시장 대응력은 단순한 생존 전략이 아니라, 기업의 지속가능성을 보장하는 핵심 촉매제이다. 결국 기업은 변화에 대응하는 과정에서 성장을 위한 입지를 다지고, 급변하는 시장 속에서도 성공할 수 있는 것이다.

혁신적 개발을 위한 협력과 구성원 문화 구축

기업의 성장과 발전은 혼자서는 결코 이룰 수 없다. 구성원들이 공통의 목표를 향해 함께 나아갈 때 생산성과 혁신은 자연스럽게 따라오게 된다. 협업 문화는 창의성을 자극하고, 문제 해결 능력을 키우며, 구성원들에게 주인의식을 불어넣는다. 결국 협업은 기업의 발전을 가속화하는 중요한 촉매제 역할을 하게 되는 것이다.

효과적인 협업은 공통된 목표와 비전에서 시작된다. 구성원들이 자신의 기여가 조직 전체의 성공에 어떤 의미가 있는지 이해할수록, 목표를 향해 함께 일할 가능성이 높아진다. 즉, 개인의 성취가 조직의 성과와 연결된다는 확신이 있을 때 협업은 더욱 강력한 힘을 발휘하게 된다.

협업은 소통 없이는 불가능하다. 투명한 문화와 효과적인 의사소통 채널은 협업을 촉진하는 강력한 촉매제가 된다. 리더는 열린 대화를 장려하고, 구성원들의 목소리에 귀 기울이며, 성과를 인정하고 피드백을 제공해야 한다. 또한 팀과 부서 간 정보가 자유롭게 흐를 수 있도록 환경을 마련할 때 협업의 시너지가 극대화된다.

서로 다른 전문성과 관점을 가진 사람들이 모인 다기능 팀은 협업의 잠재력을 극대화한다. 장벽을 허물고 지식을 공유하는 과정에서 기업은 집단 지성을 활용할 수 있으며, 이는 곧 창의적인 해결책과 혁신으로 이어진다. 다양성이 존중되는 협업의 장은 곧 새로운 기회의 장이 되는 것이다.

오늘날 기업은 지리적으로 흩어진 팀을 운영하는 경우가 많다. 이때 협업 도구와 프로젝트 관리 소프트웨어, 커뮤니케이션 플랫폼은 팀워크를 강화하는 중요한 수단이 된다. 이러한 디지털 도구는 정보 공유, 공동 작업, 진행 상황 추적을 한 곳에서 할 수 있도록 도와주며, 원격 근무 환경에서도 협업이 끊기지 않게 만든다.

마지막으로 협업 문화를 정착시키는 데 핵심은 리더십이다. 리더가 다양한 관점을 존중하고, 소속감을 고취하며, 팀워크를 장려할 때 구성원들은 협업을 자연스럽게 받아들인다. 협업과 팀워크를 우선시하는 기업은 구성원들의 집단적 강점을 최대한 활용할 수 있으며, 이를 통해 지속적인 성장을 이루게 된다.

결국 팀워크와 협업은 단순한 협력의 차원을 넘어, 기업을 미래로 이끄는 다리와 같은 존재이다. 구성원들이 서로 연결되고 함께 나아갈 때 혁신은 가속화되고, 기업은 지속 가능한 성장을 이루게 되는 것이다.

비즈니스 성장을 위한 고객 서비스 우수성

시장에서 탁월한 고객 서비스는 비즈니스 성장과 발전의 촉매제임이 분명하다. 우수한 고객 서비스는 기존 고객을 유지할 뿐만 아니라 긍정적인 입소문과 추천을 통해 새로운 고객을 유치할 수 있다. 탁월한 서비스를 제공하면 고객 충성도가 구축되고 브랜드 평판이 향상되며, 장기적인 관계가 조성된다. 고객 서비스 우수성을 달성하려면 다음과 같은 촉매적 요소를 고려하여야 한다.

먼저 기업은 고객의 의견을 적극적으로 경청하고, 고객의 문제점을 이해하며 맞춤형 솔루션을 제공해야 한다. 고객의 기대를 충족하고 초과 달성하려면 공감과 대응이 필수적이기 때문이다. 지속적인 개선을 위해 정기적으로 고객 피드백을 평가하고, 만족도 지표를 분석하고, 고객 통찰력을 기반으로 개선을 수행함으로써 기업은 서비스 수준을 지속적으로 향상시킬 수 있다. 고객 피드백 시스템이나 챗봇과 같은 기술을 사용하면 신속한 응답 시간과 적극적인 서비스를 촉진하는 데 도움이 된다.

또한 고객 서비스를 촉매제로 투자하면 구성원이 고객의 상호작용을 효과적으로 처리할 수 있는 기술을 갖추게 된다. 일선 창구 구성원이 고객 중심의 결정을 내리고 문제를 해결할 수 있도록 역량을 강화하면 탁월한 서비스를 제공할 수 있게 된다. 평소 평균이상의 서비스 경험을 제공하면 고객 만족도를 높이고 긍정적인 입소문을 얻을 수 있다.

여기에는 깜짝 제스처, 개인화된 추천 또는 고객 요구가 발생하기 전에 예상하는 것이 포함될 수 있다. 탁월한 고객 서비스를 위해서는 리더십부터 일선 구성원까지 전사적인 노력이 필요하다. 뛰어난 서비스를 지속적으로 제공함으로써 기업은 충성도 높은 고객 기반을 구축하고, 단골 고객을 유도하며, 신규 고객을 유치하여 궁극적으로 지속적인 성장을 위한 촉매제 역할을 하게 된다.

비즈니스 성장 및 발전을 위한 촉매제 활용 방안

오늘날의 역동적인 비즈니스 환경에서 성장과 발전을 위한 촉매제를 효과적으로 활용하는 것은 기업의 지속적인 성장을 위한 필수 요소이다. 혁신, 기술 활용, 마케팅 전략, 적응성, 리더십, 협업, 고객 서비스, 구성원 개발 등 다양한 촉매제는 각각 뚜렷한 역할을 수행하며 기업을 한 단계 더 발전시킨다.

기업은 이러한 촉매제의 관련성과 상호작용을 이해함으로써 신뢰할 수 있는 정보에 기반한 의사결정을 내리고, 목표에 부합하는 전략을 실행하며, 끊임없이 진화하는 시장의 복잡성을 효과적으로 탐색할 수 있다. 성과는 기업이 올바른 촉매제 조합을 구성하고 식별하여 강점을 극대화하고, 경쟁사와 차별화하며, 고객에게 지속적인 가치를 제공하는 것에서 비롯된다.

또한 기업과 구성원이 변화를 수용하고, 혁신 문화를 조성하며, 인재 개발에 투자하고, 고객 중심의 서비스를 우선시할 때 기업은 성장을 위한 입지를 다지고 치열한 경쟁 속에서도 탄력성과 지속 가능성을 확보할 수 있다. 적절한 촉매제가 마련된다면 기업은 잠재력을 최대한 발휘할 수 있

으며, 나아가 기업과 기업이 봉사하는 지역 사회 모두를 위한 더 밝은 미
래를 만들어 갈 수 있을 것이다.

비즈니스 성장 및 발전을 위한 촉매제

혁신을 통한 새로운 시장 개척을 위한 촉매제

혁신은 시장을 발전시키고 산업의 미래를 형성하는 데 있어 중요한 촉매제이다. 이는 변화하는 고객의 요구와 선호도를 충족하는 새로운 제품, 서비스, 그리고 비즈니스 모델을 창출하는 힘이 된다. 급변하는 환경에서 혁신에 실패하는 기업은 결국 정체되거나 경쟁 우위를 잃게 된다.

기술 혁신은 기업이 고객 니즈에 빠르게 적응할 수 있도록 도와주는 핵심 요소이다. 제품의 기능과 특성을 지속적으로 개선한다면 고객을 확보

시장 개발에서 기술 혁신의 촉매제

하고 유지할 수 있으며, 동시에 시장 점유율도 확대할 수 있다. 이는 기업이 시장을 안정적으로 확보하는 데 없어서는 안 될 촉매제가 된다.

경제 성장을 견인하는 혁신의 중요성

혁신은 경제 성장을 촉진하고 시장 개발을 가속화하는 데 있어 필수적인 요소이다. 새로운 기회를 창출하고 생산성을 높이며 경쟁력을 강화하는 과정에서 혁신은 모든 산업의 발전을 이끄는 동력이 된다. 특히 기술 혁신은 단순한 개선을 넘어 완전히 새로운 산업과 시장을 개척하는 촉매제로 작용한다.

스마트폰과 모바일 애플리케이션의 등장은 우리가 소통하고, 정보를 얻고, 비즈니스를 수행하는 방식 자체를 변화시켰다. Apple과 Google은 이러한 흐름을 주도하며, 증가하는 수요에 맞는 제품과 서비스를 제공해 왔다. 그 결과, 새로운 일자리와 수익원이 창출되었으며, 기업 성장의 촉매제가 되었다.

기술 혁신은 생산성과 효율성을 높이는 데도 밀접하게 연결되어 있다. 새로운 기술과 프로세스를 도입하면 운영이 간소화되고 비용은 절감되며 생산량은 늘어난다. 예를 들어, 제조업에서 자동화와 로봇공학의 도입은 생산 능력을 크게 향상시키고, 결과적으로 기업은 소비자의 요구를 더 빠르고 효율적으로 충족시킬 수 있게 된다. 이는 곧 글로벌 시장에서 경쟁력을 유지하는 기반이 된다.

Airbnb의 공유경제 혁명

Airbnb는 혁신이 전통 산업을 어떻게 흔들 수 있는지 잘 보여 주는 사레이다. 공유경제와 디지털 플랫폼을 활용하여 여행자들의 숙박 방식을 새롭게 바꾸었고, 주택 소유자에게는 자산을 통한 새로운 수익 창출 기회를 제공했다. 그 결과, 오늘날 Airbnb는 수십억 달러 규모의 글로벌 기업으로 성장하며 혁신이 가진 엄청난 잠재력을 증명해냈다.

결국 기술 혁신은 경제 성장과 시장 발전의 핵심 촉매제이다. 새로운 시장을 만들고, 생산성을 높이며, 경쟁력을 강화함으로써 일자리 창출과 수익 증대, 나아가 사회 전반의 번영을 가능하게 한다. 따라서 기업이 혁신적 문화를 수용하고 기술 발전을 적극적으로 받아들이는 것은 성장과 성공을 위한 핵심 조건이다.

혁신을 위한 다양한 촉매제

혁신은 시장 발전을 촉진하고 기업 경쟁력을 강화할 수 있는 강력한 촉매제이다. 그러나 혁신은 단일한 모습으로 나타나지 않는다. 신제품 개발, 내부 프로세스 개선, 비즈니스 모델 변화 등 여러 형태로 구현되며, 각각 고유한 접근 방식과 시장에 미치는 영향이 다르다.

제품 혁신은 새로운 제품을 출시하거나 기존 제품을 개선하여 고객에게 새로운 가치를 제공하는 데 초점을 둔다. 예를 들어, 얼굴 인식 기능을 갖춘 스마트폰이나 배터리 수명을 획기적으로 늘린 전기차 배터리는 고객 경험을 혁신적으로 향상시켰다. 이를 위해 기업은 연구개발(R&D)에 투자하고, 고객 피드백을 반영하며, 품질과 성능을 지속적으로 개선해야 한다.

프로세스 혁신은 기업 내부의 업무 효율성 향상과 지속 가능성 확보에 중점을 둔다. 예를 들어, 제조업에서 로봇 자동화를 도입하거나, 빅데이터 분석을 활용해 공급망 물류를 최적화하는 방식은 운영을 단순화하고 비용 절감 및 생산성 향상으로 이어진다. 이를 성공적으로 추진하려면, 기업은 지속적인 개선 문화를 조성하고 구성원의 참여를 장려해야 한다.

비즈니스 모델 혁신은 고객에게 새로운 가치를 전달하고, 기업의 수익 구조와 가치 제안 자체를 변화시키는 것을 의미한다. 이는 경쟁사와의 차별화를 가능하게 하고, 새로운 시장 탐색이나 변화하는 고객 요구에 대응할 수 있게 한다. 성공적인 비즈니스 모델 혁신을 위해서는 시장 조사, 업계 동향 분석, 파괴적 기술 및 관행 수용이 필수적이다.

결론적으로, 제품·프로세스·비즈니스 모델 혁신을 적절히 결합하고 활용하는 것은 시장 개발을 촉진하는 핵심 동력이다. 기업은 이를 통해 새로운 기회를 발굴하고, 고객 만족도를 높이며, 빠르게 변화하는 비즈니스 환경에서 지속적인 경쟁 우위를 확보할 수 있게 된다.

타겟 고객의 마음을 사로잡는 혁신적 촉매제: 마케팅 전략

목표 고객의 마음을 사로잡는 가장 효과적인 촉매제 중 하나는 개인화와 맞춤화이다. 기업이 개별 고객에 맞추어 마케팅 메시지와 경험을 제공하면, 더 친밀한 관계를 구축하고 참여도를 높일 수 있다. 예를 들어 Netflix는 사용자의 시청 기록을 기반으로 개인화된 추천을 제공해 고객이 더 많은 콘텐츠를 즐기도록 유도하였다. 이러한 데이터 기반 접근은 고객 선호도를 이해할 뿐 아니라, 고객이 가치 있게 이해 받고 있다는 느낌을 받게 한다.

고객과의 관계를 강화하는 방법에는 대화형과 몰입형 경험이 있다. 예를 들어 IKEA의 증강 현실 앱은 고객이 구매 전 집에 가구를 가상으로 배치하도록 돕는다. 이러한 체험은 고객 참여를 유도하고, 구매 가능성을 높이는 중요한 촉매제로 작용한다.

최근에는 인플루언서 마케팅이 목표 고객을 사로잡는 효과적인 방법으로 주목받고 있다. 틈새 시장에서 영향력 있는 인플루언서와 협력하면 브랜드 인지도와 신뢰도를 크게 높일 수 있다. 예를 들어 미국의 피부 개선 기능성 화장품 브랜드인 글로시에(Glossier)는 소셜 미디어 영향력을 활용해 타겟 고객과 소통하고, 브랜드와 부합하는 인플루언서와 협력함으로써 고객의 마음을 사로잡았다.

사용자 생성 콘텐츠(UGC)는 또 다른 혁신적 촉매제이다. 고객이 만든 콘텐츠를 공유하도록 장려하면 브랜드 신뢰와 진정성을 높일 수 있다. 많은 소비자가 기존 광고보다 실제 사용자의 후기와 경험을 신뢰한다. 예를 들어 코카콜라의 "Share a Coke" 캠페인은 고객이 소셜 미디어에서 맞춤형 콜라병 사진을 공유하게 유도하며, 브랜드 충성도와 공동체 의식을 강화했다.

데이터 기반 접근으로 타겟팅 정밀화

마케팅의 또 다른 촉매제는 고객 데이터를 활용한 전략이다. 데이터를 분석하면 고객 선호, 행동, 요구 사항을 이해하고, 맞춤형 마케팅 캠페인을 제작할 수 있다. 예를 들어 Amazon은 고객 구매 내역과 검색 데이터를 분석해 개인화된 제품 추천과 e메일 캠페인을 제공, 고객 관심을 끌고 매출을 증대시키는 효과를 거두었다.

결론적으로, 마케팅 전략 혁신은 타겟 고객을 사로잡는 중요한 촉매제이다. 개인화, 대화형 경험, 인플루언서 마케팅, 사용자 생성 콘텐츠, 데이터 기반 접근을 통합하면, 고객에게 공감을 불러일으키는 매력적인 경험을 제공할 수 있다. 이러한 혁신적 전략은 고객참여와 브랜드 충성도를 높이고, 기업 성장을 촉진하는 강력한 촉매제로 작용하게 된다.

데이터 기반 목표 고객을 사로잡는 방식은 중요한 촉매제

신규시장 개발에서 기술 혁신의 촉매제 전략

혁신적 기술은 변화를 촉진하고 새로운 시장을 개척하는 데 중요한 역할을 한다. 빠르게 변화하는 세상에서 기업은 경쟁력을 유지하고, 끊임없이 변화하는 소비자의 요구를 충족하기 위해 혁신 기술을 적극적으로 도입해야 한다. 기술 혁신은 제조 공정 효율성 개선에서부터 새로운 비즈니스 모델 확보에 이르기까지 기존 산업을 변화시키고, 새로운 성장 기회를 창출하는 강력한 촉매제 역할을 한다.

혁신 기술은 비즈니스 운영 효율성을 높이고, 제조 공정에서의 생산성을 향상시킬 수 있다. 자동화, 인공지능, 데이터 분석은 프로세스를 간소화하고 인적 오류를 줄이며 자원 할당을 최적화할 수 있다. 예를 들어, 공급망 관리 소프트웨어를 활용하면 재고를 실시간으로 추적하고 물류 효율성과 고객 서비스를 개선할 수 있다. 기업은 이러한 기술을 활용해 자원을 확보하고, 혁신과 시장 확장에 집중할 수 있게 된다.

혁신 기술은 이전에는 불가능했던 새로운 비즈니스 모델의 출현을 가능하게 한다. Uber와 Airbnb 같은 공유 경제 플랫폼은 기존 산업을 파괴하고, 소비자와 서비스 제공자를 직접 연결하는 혁신적 시장을 창출했다.

기술을 활용하여 구매자와 판매자를 연결함으로써 기업은 새로운 시장을 탐색하고, 진화하는 소비자 요구를 충족하는 해결책을 제공할 수 있게 하였다.

기술 혁신은 기업이 시장 조사와 고객 통찰력을 확보하는 방식에도 변화를 가져온다. 방대한 데이터를 수집·분석하여 고객의 선호와 행동을 실시간으로 추적할 수 있다. 소셜 미디어 분석, 온라인 설문조사, CRM 시스템 등을 통해 기업은 새로운 시장 트렌드를 빠르게 파악하고, 제품과 서비스를 최적화하며 경쟁우위를 유지할 수 있다.

새로운 기술은 조직 내 협업과 지식 공유를 혁신적으로 변화시킨다. 클라우드 기반 프로젝트 관리 도구, 화상회의 플랫폼, 가상 작업 공간을 통해 시간과 장소에 구애받지 않고 효율적으로 협업할 수 있다. 이를 통해 아이디어 생성과 부서 간 협업이 촉진되어 혁신과 시장 개발이 가속화된다.

Tesla의 혁신과 시장 창출

Tesla Motors는 혁신 기술을 활용하여 자동차 산업에 혁명을 일으킨 대표적 사례이다. 고급 배터리 기술, 소프트웨어 업데이트, 자율 주행 기능을 통해 기존 자동차 시장을 혁신하고, 전기 자동차를 위한 새로운 시장을 창출했다. Tesla의 기술 중심 혁신은 경쟁 우위를 확보할 뿐만 아니라, 전 세계 전기 자동차 채택을 촉발하는 촉매제 역할을 하였다.

결론적으로, 기술은 혁신을 촉진하고 시장 발전을 주도하는 중추적 촉매제이다. 기술 발전을 활용하면 기업은 효율성을 높이고, 새로운 비즈니스 모델을 창출하며, 고객 통찰력을 확보하고, 협업을 촉진할 수 있다. 따라서 기술 혁신은 비즈니스 성장과 경쟁력 확보에 없어서는 안 될 핵심 요소이다.

혁신적 기술은 변화 촉진 및 신규시장 개척

내부자금: 기업 성장의 숨은 촉매제

내부자금은 기업이 자체적으로 생성한 자금을 의미하며, 이익 잉여금이나 감가상각비 등으로 축적된다. 외부 자본에 의존하지 않고, 기업이 필요할 때 즉각적으로 활용할 수 있는 유연한 자원이다. 내부자금은 신속한 투자 결정과 긴급한 자금 수요 대응에 강력한 촉매제 역할을 한다. 실제 경험에서도 내부자금이 기업의 성장과 성공을 뒷받침하는 핵심 요소였음을 확인할 수 있다.

내부자금은 신제품 개발과 프로젝트 투자에서 중요한 역할을 한다. 내부자금 활용 사례를 알아보자.

- 네이버는 삼성SDS 사내벤처 프로그램에서 시작해 내부자금과 기술을 기반으로 IT 업계 주요 기업으로 성장하였다.

- SK엔카는 사내벤처로 출발해 내부자금을 바탕으로 독립적인 성공 기업이 되었다.
- 인터파크도 초기 온라인 쇼핑몰 단계에서 내부자금을 활용해 시장을 개척하고 성장하였다.

이들 사례는 내부자금을 활용하면 외부 자금 없이도 기업 성장의 기반을 마련할 수 있음을 보여 준다.

신속한 투자 결정과 경쟁력 확보

신제품 개발 초기에는 외부 투자 유치가 복잡하고 시간이 오래 걸릴 수 있다. 그러나 내부자금을 촉매제로 활용하면 빠른 의사결정이 가능하다. 내부 경영진의 신속한 협의를 통해 자금을 특정 프로젝트에 배분할 수 있어, 신제품 개발이 계획보다 빠르게 진행되고, 시장 경쟁력을 조기에 확보할 수 있다.

대규모 생산설비 투자 프로젝트에서도 내부자금의 가치가 드러난다. 외부 대출이나 투자 없이 자체 자금을 활용해 필요한 기계와 장비를 확보하면, 경쟁기업보다 빠르게 제품을 출시할 수 있다. 또한 내부자금을 관리하면서 기업의 책임감과 유연성이 강화되어, 경제적 위기 상황에서도 탄력적으로 대응할 수 있다.

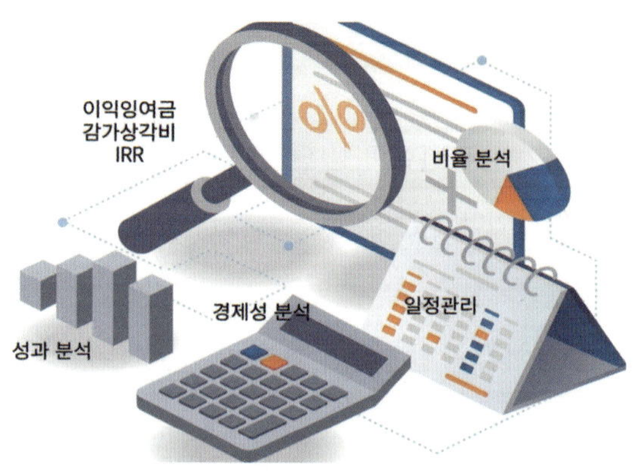

내부자금을 촉매제로 활용하여 경쟁력 확보

마지막으로, 내부자금은 단순한 자금 운용을 넘어 기업의 경영 철학과도 연결된다. 내부자금을 효율적으로 운용하는 기업은 책임감과 지속가능성을 동시에 추구하며, 이러한 긍정적 기업 문화는 구성원 모두에게 영향을 미치고, 장기적 성장과 발전을 촉진하는 원동력이 된다.

핀테크와 빅테크: 금융 혁신의 촉매제

핀테크 기업과 빅테크 기업은 기존 금융기관과 협력하면서 금융 혁신의 촉매제 역할을 할 수 있다. 이들의 금융시장 진입은 산업 내 경쟁을 촉진하고 금융시장의 효율성을 높일 수 있기 때문에 성장을 지원하는 정책이 필요하다. 다만, 해킹 등 기술적 위험으로부터 금융소비자를 보호하고, 소수 빅테크 기업의 시장 독점을 방지할 대응 방안도 마련해야 한다. 첨단 기술을 활용한 금융서비스는 기존 금융권 대비 소비자 편익 증대와 금융 포용성 강화라는 강점을 가지지만, 동시에 잠재적 위험도 동반한다.

핀테크와 빅테크의 정의와 특징을 알아보자.

- 핀테크(FinTech): 금융(Finance)과 기술(Technology)의 합성어로, IT를 활용해 송금, 대출, 자산관리 등 기존 금융 서비스를 더 편리하게 제공한다.
- 빅테크(BigTech): 인터넷 플랫폼을 기반으로 한 거대 IT 기업을 의미하며, 미국의 애플, 구글, 페이스북, 중국의 알리바바, 텐센트, 국내의 네이버, 카카오 등이 대표적이다.

빅테크 기업은 대출, 송금 등의 금융서비스를 고도화된 기술력으로 빠르게 제공하며, 전자상거래 등 주력 산업과 연계한 금융서비스를 통해 영향력을 확대한다. 이를 통해 기존 금융기관과 강력한 경쟁자로 부상하고 있다.

금융 혁신 촉매제로서의 역할

핀테크와 빅테크 기업은 인공지능(AI)과 빅데이터를 활용하여 고객 특징을 분석하고, 맞춤형 금융상품 제공과 비대면 금융서비스를 가능하게 한다. 이를 통해 기존 금융권 접근이 어려웠던 중소기업과 소상공인에게 자금조달 기회를 제공한다. 또한, 핀테크 기업은 기존 은행의 디지털 전환비용과 시간을 절감할 수 있도록 보완적인 역할을 수행하며, 금융 혁신의 촉매제로 작용한다.

핀테크와 빅테크 기업의 금융 혁신은 금융시장 효율성과 포용성을 높이는 촉매제 역할을 한다. 정책적 지원과 규제 조화를 통해 이들의 혁신을 장려하고, 소비자 보호와 공정경쟁을 유지한다면, 금융산업 전반의 발전과 성장에 기여할 수 있다.

AI & 블록체인 기술의 촉매제 역할

최근 인공지능(AI)의 발전은 상상을 초월할 정도로 빠르게 이루어지고 있다. 사람의 언어를 이해하고 그림을 그리며, 복잡한 문제를 해결하는 수준에까지 도달했다. 하지만 이러한 기술의 고도화는 동시에 새로운 문제를 낳았다. 바로 디지털 환경에서 신원 위조와 정보 조작의 가능성이 커지고 있다는 점이다. 이때 등장하는 것이 바로 블록체인이다. 블록체인은 정보를 분산 저장하고 위조를 원천적으로 막을 수 있어, AI가 만들어 내는 방대한 데이터와 콘텐츠의 진위 여부를 검증하는 촉매제 역할을 한다.

솔라나의 도전

대표적인 예로 블록체인 프로젝트 솔라나(Solana)를 들 수 있다. 솔라나는 ChatGPT플러그인을 기반으로 한 도구를 만들어, 개발자와 이용자가 블록체인 안에서 발생하는 거래 내역을 쉽게 검색할 수 있도록 했다. 단순히 기술을 시연하는 데 그치지 않고, 1,000만 달러(약 132억 원) 규모의 지원금을 마련하여 생태계 속 AI 프로젝트들을 적극적으로 육성하고 있다. 이는 AI와 블록체인이 서로 보완하며 시장을 급성장시키는 촉매제로 작용한 대표적 사례이다.

사실 몇 년 전만 해도 블록체인은 '미래 기술'이라는 기대를 받았지만, 정작 실생활에서 체감할 수 있는 서비스는 많지 않았다. 그러나 코로나19 팬데믹은 상황을 바꾸어 놓았다. 대면 거래가 어려워지자, 신뢰성과 위변조 방지가 핵심인 블록체인 기술이 다시 주목을 받기 시작했고, 여기에 AI의 발전이 더해지면서 다양한 융합 서비스가 쏟아져 나오기 시작했다. 예컨대, 해외의 한 의료 스타트업은 AI가 환자의 의료 데이터를 분석하고,

블록체인이 해당 데이터의 출처와 무결성을 보장하는 방식을 도입하여 빠르게 성장한 바 있다.

두 기술의 공통된 철학

AI와 블록체인이 서로 잘 맞는 이유는 단순히 기능적 보완 때문만이 아니다. 두 기술 모두 탈중앙화라는 철학을 공유한다. 블록체인은 중앙 기관이 아닌 네트워크 참여자들이 정보를 검증하고 저장한다. AI는 방대한 데이터를 학습하면서 기존의 중앙 집중적 의사결정 방식을 넘어 분산적이고 자율적인 해결책을 제시한다. 이 공통된 방향성 덕분에 업계에서는 독립적 기술 개발보다는 서로의 장점을 융합하려는 시도가 활발히 이루어지고 있다.

금융 산업에서도 두 기술의 융합은 이미 촉매제 역할을 하고 있다. 예를 들어, 영국의 한 핀테크 기업은 AI 알고리즘으로 고객의 신용도를 분석하고, 블록체인을 통해 대출 기록의 투명성을 확보하는 시스템을 개발했다. 이 덕분에 은행 계좌가 없던 소규모 상인들도 합리적인 조건으로 대출을 받을 수 있었고, 이는 금융 포용성을 강화하는 계기가 되었다.

전문가들은 앞으로 AI가 블록체인 생태계에서 개발 보조자 역할을 할 것이라 내다보고 있다. 예를 들어, 스마트 계약 코드를 자동으로 생성하고, 보안 취약점을 분석하며, 거래를 검증하는 모니터링 도구로 활용될 수 있다는 것이다. 이런 역할은 단순한 보조를 넘어 블록체인의 안정성과 신뢰성을 높이는 촉매제가 될 수 있다.

물론 모든 전망이 장밋빛은 아니다. 오픈AI는 향후 10년 안에 인간 수준을 뛰어넘는 '초인간적 AI'가 등장할 수 있다고 경고했다. 일부는 이를 혁신의 정점으로 바라보지만, 다른 이들은 기술이 사회 전반에 미칠 부정적 파급 효과를 우려한다. 그러나 분명한 사실은, AI와 블록체인의 결합이 이미 우리의 일상과 산업 전반에 영향을 미치고 있으며 앞으로도 디지털 경제 발전의 강력한 촉매제로 작용할 것이라는 점이다.

제2장

촉매의 개념과 종류

화학적 촉매 개념

　'촉매(catalyst)'라는 단어를 처음 접하면 왠지 어렵고 낯설게 느껴질 수 있다. 하지만 사실 촉매는 멀리 있는 과학 교과서 속 개념이 아니라, 우리 곁에서 늘 조용히 함께 살아가고 있는 존재이다. 한번 일상적인 상황에서 두 사람이 처음 만났다고 가정해 보자. 서로 어색해서 대화를 이어 가기 힘들지만, 그 사이에 서로 알고 있는 공통의 친구가 등장해 대화의 물꼬를 터 준다면 상황은 달라진다. 두 사람은 훨씬 더 빨리 가까워지고, 이야기는 자연스럽게 흘러간다. 그런데 신기한 건, 소개해 준 그 친구는 대화를 만들어 낸 뒤 조용히 물러나고, 새롭게 만난 두 사람은 지속적으로 좋은 관계가 이어질 수 있다는 사실이다.

　화학 반응에서도 똑같은 일이 일어난다. 물질 A와 물질 B가 만나 반응하려면 원래는 많은 에너지가 필요하다. 하지만 '촉매'라는 특별한 친구가 등장하면 이야기는 달라진다. 촉매는 두 물질이 보다 쉽게, 그리고 빠르게 결합할 수 있도록 돕는다. 그러나 정작 촉매 자신은 반응 뒤에도 변하지 않고 그대로 남아 있다. 이처럼 촉매는 겉으로는 눈에 잘 띄지 않지만, 세상의 흐름을 바꾸는 데 결정적인 역할을 한다. 마치 무대 위 주인공을 빛나게 해 주는 조연처럼, 촉매는 보이지 않는 곳에서 화학 반응을 가능하게 하는 조용하고 뛰어난 조력자인 것이다.

언덕을 넘을까, 터널을 뚫을까

화학 반응을 가장 쉽게 이해하는 방법은 여행에 빗대어 생각하는 것이다. 상상해 보자. 어떤 마을 사람들이 맞은편 산 너머에 있는 장터로 가야 한다. 방법은 단 하나, 산을 넘어야 한다는 것이다. 그 길은 결코 쉽지 않다. 가파른 언덕길을 오르려면 젊은 장정들도 땀을 비 오듯 흘려야 하고, 짐을 가득 실은 마차는 중간에 멈추기 일쑤다. 노인과 아이들은 아예 도전조차 하기 어렵다.

이것이 바로 촉매가 없는 상태에서 일어나는 화학 반응이다. 반응이 일어날 가능성은 있지만, 너무 많은 에너지와 시간이 필요하다. 그런데 어느 날, 산 속에 터널이 하나 뚫린다. 이제 이야기는 완전히 달라진다. 마차도, 노인도, 아이도 힘들이지 않고 빠르게 목적지에 도착할 수 있다. 긴 언덕길을 넘는 대신, 짧고 편리한 길이 열린 것이다.

화학 반응에서 촉매는 바로 그 터널과 같다. 원래라면 엄청난 에너지가 필요해 거의 일어나지 않을 반응을, 손쉽고 빠르게 가능하게 만드는 보이지 않는 유능한 조력자다. 덕분에 세상은 더 부드럽게, 더 효율적으로 돌아간다. 우리가 매일 사용하는 연료, 의약품, 심지어 일상 속 세제와 음식까지 그 모든 과정 뒤에는 어김없이 '터널 역할을 해 주는 촉매'가 숨어 있다.

화학 반응에서 촉매의 역할

역사 속 촉매 - 인류의 식탁을 바꾼 발견

실질적인 촉매의 역사를 알아보자. 1909년, 독일의 화학자 프리츠 하버 (Fritz Haber)는 인류의 역사를 뒤흔들 만한 실험에 성공했다. 공기 중에 가득하지만 '움직이지 않는 돌부처'처럼 반응하지 않던 질소를 잡아내 암모니아로 바꾸어 낸 것이다. 그 비밀은 바로 철 기반 촉매였다.

하버의 손끝에서 태어난 암모니아는 단순한 화학물질이 아니었다. 비료의 핵심 원료가 되어 전 세계 농작물 생산량을 폭발적으로 늘려 주었기 때문이다. 그 전까지만 해도 인류는 늘 식량 부족에 시달렸다. 그러나 하버의 발견 이후, 수억 명의 사람들이 굶주림에서 벗어났다. 오늘날 70억 인구가 식탁에 앉을 수 있는 배경에는, 조용히 반응을 도와준 '철 촉매'가 있었다고 해도 과언이 아니다.

생활 속의 촉매:
우리가 매일 만나는 조력자들

자동차 속 작은 영웅들

아침 출근길에 도로 위를 달리는 자동차. 하지만 그 배기가스 속에는 일산화탄소, 탄화수소, 질소산화물 같은 유해 물질이 가득하다. 만약 이들이 그대로 하늘로 퍼져 나간다면, 대기 오염은 감당할 수 없을 것이다.

다행히 자동차 배기구 속에는 백금, 팔라듐, 로듐 촉매라는 작은 영웅들이 숨어 있다. 이들은 오염물질을 만나자마자 순식간에 반응을 일으켜 무해한 물질로 바꾸어 준다. 우리는 그 모습을 볼 수도, 느낄 수도 없지만, 매일 맑은 공기를 마실 수 있는 데에는 이 조용한 '환경 지킴이'들의 공이 크다. 이것이 촉매이다.

생명체 속 촉매, 효소

우리의 일상생활 속에도 촉매는 숨어 있다. 매일 식탁에 앉아 밥을 한 숟갈 뜨는 순간에도 촉매는 우리 곁을 떠나지 않는다. 밥이 몸 속에 들어가 소화되고 흡수되기까지는 수많은 화학 반응이 필요하다. 그런데 이 과정이 빠르고 정확하게 일어날 수 있는 이유는 바로 효소라는 생체촉매 덕분이다. 효소가 없다면, 밥 한 숟갈을 소화하는 데 몇 달이 걸릴지도 모른다. 우리 몸 속 효소는 눈에 띄지 않지만, 늘 쉼 없이 소화를 돕는 생명의 조력자가 바로 촉매이다.

플라스틱의 세계

옷, 휴대폰 케이스, 일회용 컵, 비닐봉지까지, 우리 삶을 둘러싼 플라스틱 역시 촉매 없이는 탄생하지 않는다. 폴리에틸렌(PE), 폴리프로필렌(PP) 같은 플라스틱은 촉매 덕분에 값싸고 대량으로 생산될 수 있었다. 덕분에 인류는 '플라스틱 시대'에 들어섰고, 우리는 지금도 매일 촉매의 혜택을 손에 쥐고 살아가고 있는 셈이다.

또한, 석유화학 공장에서 원료인 올레핀을 만드는 과정은 섭씨 800도 이상의 고온이 필요하다. 철이 벌겋게 달아오를 정도의 열이다. 이런 공정은 엄청난 에너지 낭비와 온실가스 배출을 불러온다. 하지만 촉매가 등장하면 상황은 달라진다. 반응 온도를 낮추고, 불필요한 부산물 대신 원하는 물질만 뽑아낼 수 있다. 에너지는 절약되고, 생산 비용은 줄어들며, 환경 부담까지 줄어든다. 1석 3조의 해결사, 바로 촉매가 가진 힘이다.

촉매는 인류 문명의 숨은 주인공

우리는 종종 촉매를 실험실 속 유리병에 담긴 특별한 화학물질로만 생각한다. 하지만 현실은 다르다. 자동차, 농업, 의학, 환경, 에너지—인류 문명의 거의 모든 분야에 촉매는 깊이 스며 있다.

촉매는 결코 앞에 나서지 않는다. 조용히, 묵묵히, 그러나 누구보다도 결정적인 순간에 반응을 이끌어 낸다. 화학 반응의 터널을 뚫어 주고, 생명을 지켜 주며, 인류의 식탁을 채워 주고, 지구의 공기를 지켜 낸다. 주인공은 무대에 서지 않아도 주인공이다. 이야기를 완성하는 숨은 주인공, 바로 촉매이다.

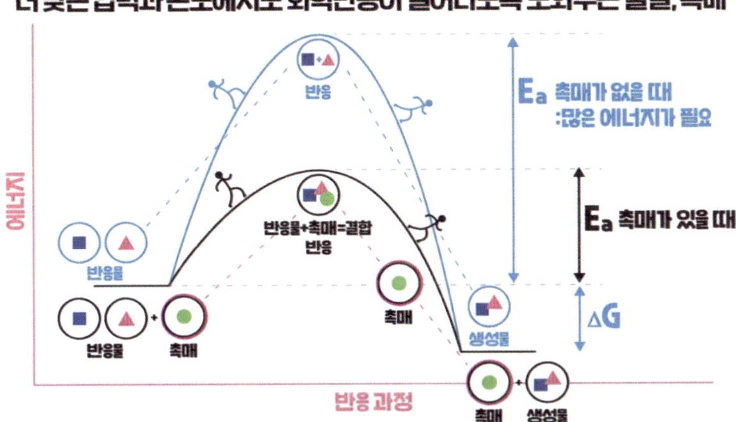

촉매반응의 에너지 변화
(출처: https://www.chemi-in.com/587)

촉매반응에 대해서 좀 더 과학적인 이해를 해 보자. A물질과 B 물질이 만나 화학 반응이 일어나면 P 물질이 생성된다고 가정할 때, A+B에 있어서 P의 반응물을 생성하려면 반응물의 잠재 에너지(potential energy)가 활성화 에너지(Activation Energy, Ea) 장벽을 넘어서야 한다. 하지만 촉매가 없는 일반적인 반응은 한 단계 반응으로써 매우 높은 장벽(높은 활성화 에너지 값)이 필요하게 된다. 이때, 촉매는 더 복잡하고 여러 단계로 이루어진 새로운 반응 경로를 제공하며, 활성화 에너지 장벽은 원래 경로보다 낮추게 되고, 이로써 화학 반응이 좀 더 쉽게 일어날 수 있게 하는 역할이다.

즉, 촉매는 화학 반응에 참여하여 깁스 자유에너지($_\Delta$G)에는 영향을 미치지 않으면서 반응 과정에 참여하여 반응 속도를 높이지만, 반응의 시작과 끝에서 화학적으로 소모되지 않고 원래 상태를 유지하는 물질이라고 할 수 있다. 이를 조금 다르게 표현하면, 화학 반응에 참여하여 생성물의 결합 구조에 차이가 없고 반응 속도를 증가시키며 화학 반응에서 소모되지 않는 물질과 같이 바꿀 수 있게 하는 것이다.

과일주가 만들어지는 비밀

인류 역사에서 최초로 촉매를 사용했던 시기는 수렵과 채집을 하던 선사시대였을 것으로 추정된다. 촉매는 어떤 화학 반응을 더 빠르고 효율적으로 일어나게 돕는 물질을 말한다. 그때 조상들은 잘 익은 과일에 공기 중의 야생 효모가 들어가면 과일주가 생긴다는 걸 알게 되었다. 효모가 과일 속의 당을 알코올로 바꿔 주는 촉매 역할을 한 것이다. 지금도 와인이 같은 원리로 만들어지고 있다.

농경시대에 들어오면서 사람들은 곡물을 당으로 바꿔 주는 효소 촉매를 발견했고, 그 덕분에 곡물주를 담글 수 있게 되었다. 서양의 맥아, 동양의 누룩이 바로 당화를 돕는 촉매였던 것이다. 그리고 비누의 제조 역시 촉매 사용의 오래된 사례 중 하나이다. 기원전 2800년경 고대 바빌론 시대에 동/식물성 지방과 나무의 재를 물에 넣고 끓여 비누를 만들었는데, 이때 지방을 분해하는 반응을 도와준 것이 바로 '재(ash)'라는 촉매였다.

우리 몸을 비롯한 생명체도 예외는 아니다. 몸 속에서는 효소라는 특별한 단백질이 촉매 역할을 하여 생명 활동에 필요한 다양한 대사가 일어나게 한다. 특히 효소는 특정 반응에만 작용하는 기질 특이성을 가지고 있으며, 생물체의 온도에서 가장 활발히 움직이므로 어떤 의미에서는 가장 이상적인 촉매라고 할 수 있다.

환경을 지키는 "구원투수", 촉매

20세기 중반, 석유는 인류에게 마치 보물 상자와도 같았다. 정유와 석유화학 산업이 빠르게 발전하면서 우리는 값싼 연료와 다양한 석유 화학 제품을 손에 넣을 수 있었고, 그 중심에는 늘 촉매가 있었다. 하지만 편리함 뒤에는 그림자가 있었다. 공장에서, 자동차에서 쏟아져 나오는 매연과 오염물질은 도시의 하늘을 점점 회색으로 바꿔 놓았고, 깨끗한 공기를 마시는 것이 사치가 되어 버렸다.

특히 자동차는 양날의 검을 가지고 있다. 누구나 자동차를 가질 수 있는 시대가 열리면서 이동은 편리해졌지만, 동시에 대기 오염은 갈수록 심각해졌다. 1970년대, 결국 각국은 자동차 배출가스를 규제하기 시작했다. 하지만 문제는 간단하지 않았다. 자동차 엔진은 항상 같은 조건에서 작동하지 않기 때문에, 이상적인 연소 비율인 14.7대 1을 유지하는 것이 거의 불가능했다. 그 결과, 일산화탄소와 질소산화물, 휘발성 탄화수소 같은 유해 가스가 마구 배출된다.

이때 구원투수처럼 등장한 것이 바로 자동차 배기가스 정화용 촉매였다. 1975년 처음으로 자동차에 장착된 이후, 이 작은 장치는 도시의 공기를 바꾸어 놓았다. 자동차 배기 파이프 안에 들어 있는 벌집 모양의 구조물에 백금, 팔라듐, 로듐이 코팅되어 있는 삼원촉매는 오염 물질을 하나하나 무해한 물질로 바꾸어 준다. 일산화탄소를 이산화탄소로, 탄화수소를 물과 이산화탄소로, 질소산화물을 질소와 산소로 바꾸어 내는 것이다. 덕분에 오늘날 자동차는 배기가스 속 유해 물질의 99% 이상을 줄일 수 있다.

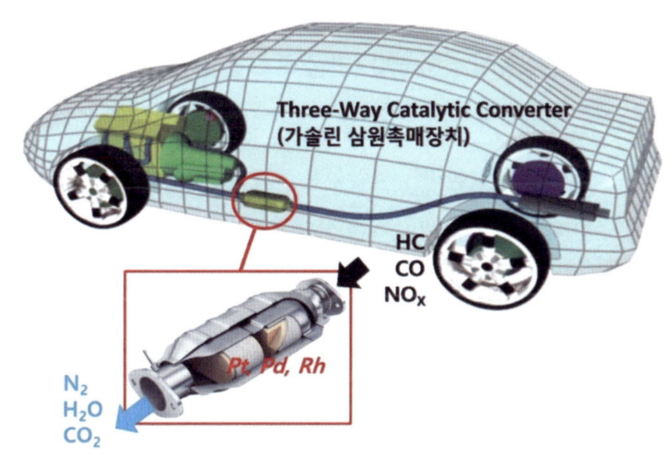

자동차 배기 파이프에 장착된 벌집형의 삼원촉매
(출처: IBS(https://www.ibs.re.kr/))

만약 이 삼원촉매가 등장하지 않았다면, 오늘날 도시는 어떤 모습일까? 아마도 짙은 스모그가 하늘을 뒤덮고, 사람들은 마스크 없이는 거리를 걷기 힘들었을지도 모른다. 깨끗한 하늘을 되찾기 위해 수많은 과학자와 엔지니어가 밤낮으로 연구한 끝에, 우리는 촉매라는 든든한 파수꾼을 얻을 수 있었다.

이처럼 촉매는 단순히 산업의 발전을 이끈 조력자가 아니라, 인류가 숨

쉬는 공기를 지켜 낸 진정한 구원투수라 할 수 있다.

보이지 않는 방패의 등장 배경

한때 자동차는 단순히 '이동 수단'으로만 여겨졌다. 그러나 엔진이 내뿜는 매연 속에는 보이지 않는 독이 숨어 있었다. 트럭과 승용차들이 도심을 달릴 때마다 일산화탄소, 질소산화물, 탄화수소가 공기 중으로 퍼져 나갔다. 당시 사람들은 그 심각성을 알지 못했고, 규제도 거의 없었다.

그러던 어느 날, 재앙이 찾아왔다. 미국 로스앤젤레스, 스모그로 뒤덮인 하늘 아래 수천 명의 시민들이 목숨을 잃은 것이다. 불과 몇 해 전 런던에서 비슷한 참사가 일어났을 때, 사람들은 원인을 공장 굴뚝과 난방 연료에서 찾았다. 하지만 로스앤젤레스의 하늘을 어둡게 만든 범인은 달랐다. 바로 자동차 배기가스였다.

과학자들은 대기오염의 주범이 질소산화물(NOx)과 탄화수소(HC)라는 사실을 밝혀냈고, 정부는 더 이상 손을 놓고 있을 수 없었다. 1968년 캘리포니아 주를 시작으로, 미국 전역에 걸쳐 점차 엄격한 배출 규제가 도입되었다. 이때 자동차 회사들은 중대한 선택 앞에 서게 된다. 그냥 기존 방식을 고집하다가는 시장에서 퇴출될 수밖에 없었다. 그래서 연구 끝에 나온 해답이 바로 삼원촉매장치(Three-Way Catalytic Converter)였다.

삼원촉매장치는 배기구 속 작은 실험실과 같다. 백금, 팔라듐, 로듐 같은 귀금속 촉매가 배기가스와 만나면, 유해물질이 이산화탄소, 질소, 물 같은 비교적 무해한 물질로 바뀐다. 말 그대로 보이지 않는 방패가 되어 도시의 공기를 지켜 낸 것이다. 시간이 흐르며 이 기술은 점점 더 정교해졌다. 그리고 오늘날, 거의 모든 가솔린 자동차는 배기 라인에 삼원촉매장치를 장착한 채 달리고 있다. 자동차가 많아진 시대에도 우리가 숨 쉴 수 있는 이유 중 하나가 바로 이 작은 장치 덕분이다.

디젤의 딜레마와 DPF의 등장

한때 디젤 엔진은 '경제성의 왕'으로 불렸다. 가솔린보다 연비가 뛰어나고 출력도 좋아, 트럭과 버스, 승용차까지 디젤의 세상은 넓어져 갔다. 하지만 그 번영 뒤에는 늘 어두운 그림자가 우리를 따라다녔다. 이것이 바로 질소산화물(NOx)과 미세먼지(PM)였다. 문제는 간단하지 않았다. 질소산화물을 줄이면 미세먼지가 늘어나고, 미세먼지를 줄이면 질소산화물이 늘어나는 트레이드 오프이고, 디젤 엔진은 언제나 "환경오염의 주범"이라는 꼬리표를 달고 다닐 수밖에 없었다.

그러던 어느 날, 해답의 실마리가 디젤매연여과장치(DPF)에서 나왔다. DPF는 트럭이 내뿜는 검푸른 연기를 '밖으로 못 나오게 가둬 버리는 장치'다. 그 속에는 일종의 정교한 필터가 들어 있다. 필터는 배출되는 미세먼지를 잡아두고, 일정 시간이 지나면 촉매의 힘으로 그 먼지를 태워 없애 버린다. 마치 집안의 공기청정기가 필터를 주기적으로 정화하는 것처럼, 자동차 속에서도 보이지 않게 작은 정화 작업이 이루어지는 셈이다.

하지만 디젤의 숙제는 여기서 끝나지 않았다. 또 다른 강적, 질소산화물(NOx) 때문이다. 이 기체는 광화학 스모그, 산성비, 심지어 온실효과까지 일으키는 주범이다. 이를 줄이기 위해 두 가지 기술이 나왔다. 첫째 SCR(선택적 촉매 환원 장치) 촉매와 암모니아를 사용해 저온에서 NOx를 질소(N_2)와 물(H_2O) 같은 무해한 물질로 바꾼다. 둘째, SNCR(선택적 비촉매 환원 장치) 촉매는 쓰지 않지만, 고온에서 암모니아 같은 환원제를 분사해 NOx를 줄인다.

　특히 SCR은 오늘날 대형 버스와 트럭에서 빠질 수 없는 필수 장치가 되었다. 거대한 배기구 속에서 촉매는 보이지 않게 반응을 일으켜, 독성 가스를 숨 쉬어도 안전한 공기로 바꿔 내고 있는 것이다. 이것이 대형 디젤 차량에 요소수를 투입하는 이유이다.

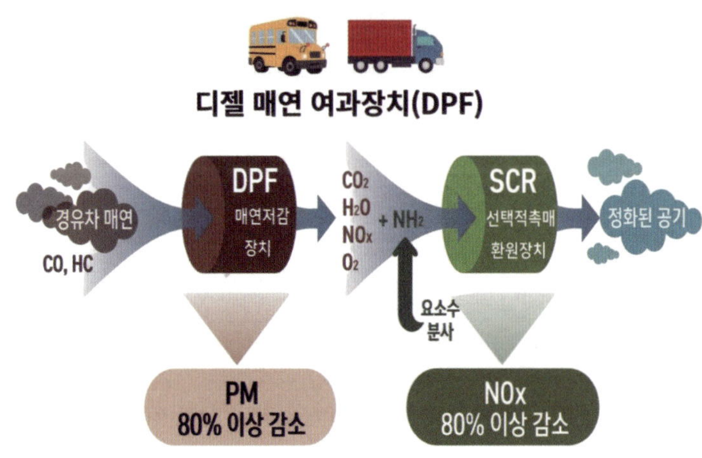

미세먼지(PM)와 질소산화물(NOx)을 제거하는 촉매장치의 작동 원리
(출처: 환경부, 수도권대기환경청)

화학 반응을 움직이는 "마법의 돌", 촉매

옛날 사람들은 연금술사가 돌을 금으로 바꾼다는 이야기를 믿곤 했다. 지금은 그런 옛이야기가 우스워 보이지만, 화학의 세계에는 정말로 "마법의 돌" 같은 존재가 있다. 바로 촉매이다. 예를 들어 보자. 석유화학의 핵심 원료인 프로필렌(Propylene)이라는 물질이 있다. 여기에 어떤 촉매를 만나느냐에 따라 전혀 다른 세계가 펼쳐진다.

- 프로필렌이 메탈로센(Metallocene) 촉매를 만나면? → 우리가 매일 쓰는 플라스틱 용기, 자동차 내장재를 만드는 폴리올레핀이 된다.
- 같은 프로필렌이 혼합산화물 촉매를 만나면? → 기저귀 속 습기를 잡아 주는 아크릴산으로 변신한다. 페인트, 접착제의 원료도 여기서 나온다.
- 이번엔 산(Acid) 촉매를 만난다면? → 반도체 공장에서 웨이퍼를 세정하는 데 꼭 필요한 이소프로필 알코올이 된다.

마치 같은 재료라도 요리사의 손에 따라 국수가 되기도 하고, 빵이 되기도 하는 것처럼, 촉매의 선택은 결과물을 완전히 달라지게 만든다. 그래서 사람들은 촉매를 두고 "화학의 마법사"라 부른다. 이야기는 여기서 끝나지 않는다. 20세기 이후 등장한 수많은 산업들은 사실 석유화학이라는 뿌리 위에 서 있다. 석유를 정제해 얻은 나프타(Naphtha)를 출발점으로, 그 안에서 프로필렌과 에틸렌 같은 중간물질을 뽑아내고, 다시 촉매의 손길을 거쳐 수많은 생활용품이 태어난다.

촉매가 없다면 화학 반응은 너무 느려서 공업적으로 아무것도 만들 수 없을 것이다. 하지만 촉매 덕분에 반응은 빠르고 효율적으로 진행되고, 우리는 플라스틱, 섬유, 세제, 의약품까지, 세상 곳곳에서 편리함을 누릴 수 있게 된 것이다. 실제로 전 세계 GDP의 35%가 촉매로 만들어진 제품에서 나온다. 반도체가 "산업의 쌀"이라면, 촉매는 단연 "산업의 꽃"이라고 불릴 만하다. 눈에 보이지 않지만, 세상을 움직이는 진짜 주인공이 바로 촉매이다.

화학 반응용 촉매

 촉매 전략, 마케팅과 혁신의 융합

촉매, 어디에 쓰일까? - 용도별 촉매의 세계

촉매는 크게 나누면 공정 촉매와 범용 촉매로 나눌 수 있다. 그중에서도 공정 촉매는 석유 정제와 화학 제품 생산에서 없어서는 안 될 존재이다. 우리나라의 화학 공정만 보더라도 촉매의 쓰임새는 아주 다양하다. 예를 들어, 고분자 제조공정에서는 에틸렌이나 프로필렌 같은 기체를 모아 촉매와 반응시키면 플라스틱의 원료가 되는 거대한 사슬 분자가 만들어진다. 여기 쓰이는 촉매는 대부분 반응물과 같은 상태에서 작동하는 균일계 촉매인데, 특징은 한 번 쓰고 나면 다시 쓸 수 없는 1회성 촉매라는 점이다.

다음은 수소화 공정이다. 이름 그대로 물질에 수소를 붙여서 새로운 성질을 갖도록 바꾸는 과정인데, 여기에는 주로 니켈, 팔라듐, 백금 같은 금속 촉매가 사용된다. 마치 작은 열쇠가 잠긴 문을 열어 주듯, 이 금속들이 분자의 구조를 바꾸어 주는 역할을 하게 된다.

또 다른 중요한 분야가 개질 공정이다. 개질이란, 탄화수소 분자의 구조를 새롭게 재배열해 원하는 물질로 바꾸는 것을 말한다. 쉽게 말해 "낮은 품질의 연료를 높은 품질로 변신시켜 주는 과정"으로 이해하면 된다. 예를 들어, 옥탄가가 낮은 나프타를 옥탄가가 높은 개질유로 바꾸거나, 원료에서 수소, 암모니아, 메탄올 등을 뽑아내는 데 활용된다. 이때 촉매의 주인공은 백금(Pt)과 니켈(Ni)이며, 이 금속들을 안정적으로 붙잡아 주는 알루미나 담체가 함께 쓰인다. 이 공정을 거쳐 만들어진 물질 중 하나가 바로 BTX(벤젠, 톨루엔, 자일렌)인데, 이는 플라스틱, 합성섬유, 접착제 등 수많은 화학제품의 재료가 사용된다.

그리고 빼놓을 수 없는 것이 탈수소화 공정이다. 이름처럼 분자 속에서 수소를 떼어내는 과정인데, 대표적으로 에틸벤젠에서 스티렌을 만드는 과정이나 n-파라핀에서 올레핀을 만드는 과정에 사용된다. 스티렌은 스티로폼, 플라스틱 용기의 주재료로, 올레핀은 각종 석유화학 제품의 원료가 된다.

수소화 반응기

석유 정제용 촉매의 비밀

원유는 마치 수천 가지 재료가 뒤섞인 '커다란 국물'과도 같다. 그냥 두면 무겁고 불순물이 많아 쓸모가 적지만, 여기에 '마법의 요리사' 촉매가 등장하면 이야기가 달라진다. 정유 공장에서 촉매는 원유 속에 숨어 있는 황, 질소, 금속 같은 불순물을 제거하고, 무거운 탄화수소를 잘게 쪼개거나 재배열해 준다. 그 결과, 우리가 매일 쓰는 가솔린, 디젤, LPG 같은 깨끗하고 유용한 연료가 태어난다.

접촉분해 촉매

원유 속 무거운 부분을 잘게 잘라 가솔린과 LPG 같은 가벼운 연료로 바꿔 준다. 작은 입자의 실리카·알루미나가 활약하고, 시장의 수요에 따라 끊임없이 새로운 설비와 기술이 업그레이드되고 있다.

수소화 정제 촉매

원유 속에 숨어 있는 황, 질소, 중금속을 '빨아내는 청소기' 역할을 한다. 코발트, 니켈, 몰리브덴 같은 금속이 담체에 담지 되어, 연료를 더 깨끗하게 만들고 다음 공정이 안정적으로 돌아가도록 도와준다.

알킬화 촉매

탄화수소 사슬에 알킬기를 붙여 새로운 연료를 만들어 낸다. 여기에는 황산(H_2SO_4), 불산(HF) 같은 강산이 쓰이기도 하지만, 최근에는 안전하고 재활용이 가능한 고체산 촉매(제올라이트, 알루미나 등)가 주목받고 있다.

스위트닝 촉매

이름처럼 연료를 '달콤하게' 바꿔 주는 촉매다. 황화수소(H_2S)나 메르캅탄 같은 악취 나는 황 성분을 없애, 연료의 품질을 높이고 환경 규제도 만족하는 역할을 하게 된다. 주로 숯 같은 재료 위에 담지하여 사용한다.

결국, 석유 정제용 촉매는 원유라는 거친 원석을 다듬어, 우리가 매일 쓰는 자동차 연료·전력·난방 자원으로 바꿔 주는 보이지 않는 전문기술자이다. 만약 촉매가 없다면, 오늘날의 석유화학 산업도, 현대 생활의 편리함도 불가능했을 것이다.

공기와 환경을 지키는 보이지 않는 수호자, 탈황 촉매

석유는 그 자체로는 풍부한 에너지원이지만, 안타깝게도 '유황'이라는 불청객을 품고 있다. 이 유황이 연소되면 황산화물(SOx)이 공기 중으로 날아가, 산성비를 만들고 미세먼지를 일으키며 우리의 건강을 위협한다. 이것을 해결해 주는 것이 바로 탈황 촉매다. 탈황 촉매는 마치 보이지 않는 수호자처럼, 원유 속에 숨어 있는 유황을 잡아내어 연료를 깨끗하게 만든다. 탈황 촉매에는 다양한 방식이 있다:

수소화 탈황 촉매

뜨겁고 높은 압력 속에서 유황을 수소와 결합시켜 황화수소(H_2S)로 바꾸어 버린다. 주로 몰리브데늄, 코발트, 니켈 같은 금속이 사용된다. 이 방식은 현재 석유 정제 현장에서 가장 널리 활용된다.

액상 탈황 촉매

액체 상태에서 황화수소를 흡수해 제거하는 방식이다. 철 킬레이트 같은 화합물이 쓰이며, 상대적으로 낮은 온도에서 작동해 효율적이다.

흡착 탈황 촉매

말 그대로 스펀지처럼 흡착하는 촉매다. 알루미나 또는 활성탄이 대표적이며, 불필요한 유황 성분을 선택적으로 빨아들인다.

생물학적 탈황 촉매

특수한 미생물을 활용해 유황을 제거하는 친환경 기술이다. 낮은 온도에서도 작동하며, 미래형 탈황 기술로 주목받고 있다.

탈황 촉매의 가치는 단순히 환경을 지키는 것에 그치지 않는다. 유황을 미리 제거하면, 정유 공정에서 쓰이는 다른 촉매의 수명이 연장되고, 에너지 효율이 높아지며, 더 깨끗하고 품질 좋은 연료가 생산된다. 즉, 탈황 촉매는 깨끗한 하늘과 지속 가능한 에너지를 위한 보이지 않는 파수꾼이라 할 수 있다.

탈황공정과 촉매
(출처: SK Geo Centric's plant in Ulsan)

세상을 움직이는 '보이지 않는 엔진', 가스 제조용 촉매

우리가 매일 사용하는 도시가스, 비료, 연료, 그리고 화학제품 뒤에는 눈에 보이지 않는 '숨은 조력자'가 있다. 바로 가스 제조용 촉매이다. 예를 들어 보자.

• 암모니아 가스 제조는 전 세계 농업을 지탱하는 핵심 공정이다. 질소와 수소가 만나야 암모니아가 되는데, 이 반응은 원래 매우 까다롭

다. 여기서 철 촉매가 등장해 반응을 도와주면서 비료 생산이 가능해
지고, 전 세계 인구가 먹을 식량이 안정적으로 공급된다. 최근에는 더
효율적인 루테늄 촉매가 도입되어, 암모니아 생산의 새로운 길을 열
고 있다.

• 메탄올 제조 역시 빠질 수 없다. 일산화탄소, 이산화탄소, 수소가 만
  나 메탄올이 되려면 그냥 두고는 쉽지 않다. 하지만 구리, 아연, 알루
  미나 촉매가 반응의 길을 열어 주면서 메탄올이 만들어진다. 이 메탄
  올은 연료로도 쓰이고, 플라스틱이나 접착제 같은 화학제품의 출발
  점이 된다.

즉, 가스 제조용 촉매는 세계의 식량 생산, 도시의 에너지, 산업의 원료
를 책임지는 보이지 않는 엔진이라고 할 수 있다. 우리가 매일 쓰는 전기
와 연료, 그리고 밥상 위의 음식까지도 사실은 이 조용한 조력자 덕분에
가능해진 셈이다.

석유화학 공장의 촉매 공정
(출처: SK에너지 plant in Ulsan)

미래 연료의 조력자, 바이오 디젤 촉매

"기름은 다 쓰면 끝난다." 한때 사람들은 이렇게 믿었다. 하지만 석유 고갈과 환경오염이 눈앞의 문제로 다가오자, 과학자들은 새로운 대안을 찾아 나섰다. 그 대안 중 하나가 바로 바이오 디젤 연료이다. 바이오 디젤은 식물성 기름(예: 콩기름, 팜유)이나 동물성 지방을 원료로 만든 연료로, 기존 경유와 섞어도 쓸 수 있는 친환경 에너지이다. 그런데 여기에도 촉매가 빠질 수 없다. 바이오 디젤은 단순히 기름을 끓여 만든다고 생겨나지 않는다. 원료 속 분자를 '정확히 원하는 방식'으로 바꿔 주는 촉매가 있어야만, 우리가 주유소에서 넣는 연료로 변신할 수 있게 된다. 즉 바이오 디젤 연료 제조용 촉매는 크게 두 가지로 나눌 수 있다.

균일상 촉매

주로 수산화나트륨(NaOH), 수산화칼륨(KOH) 같은 강염기를 사용한다. 이것은 값이 저렴하고 반응 속도가 빠르다는 장점이 있지만, 반응이 끝난 뒤 촉매를 회수하기 어렵다는 단점이 있다.

불균일상 촉매

설페이티드 지르코니아, 텅스테이티드 지르코니아, 이온 교환 수지 같은 물질이 대표적인데, 이것은 반응 후 쉽게 분리해서 다시 쓸 수 있고, 원치 않는 '비누화 반응'을 줄여 생산 효율도 높여 준다. 하지만 반응 속도가 다소 느리고 제조 비용이 높은 것이 단점이다.

최근에는 바이오 디젤 제조에 효소 촉매(리파아제, lipase)가 주목받고 있다. 효소는 낮은 온도에서도 반응이 가능해 에너지를 아낄 수 있고, 환경 친화적이라는 점에서 큰 장점이 있다. 하지만 가격이 비싸고 반응 조건에 민감해서 아직은 상용화에 어려움이 있다.

결국 바이오 디젤의 미래는 "어떤 촉매를 쓰느냐"에 달려 있다고 할 수 있는데, 빠르고 저렴한 촉매, 재사용 가능한 촉매, 환경에 부담이 적은 촉매를 찾는 노력은 계속되고 있다. 앞으로 촉매 기술이 한 발 더 나아간다면, 주유소에서 '100% 친환경 바이오 디젤'을 넣는 날도 머지않을 것이다.

자연상태에서 만들어지는 에너지 바이오 디젤

유기촉매의 발견 - 금속 대신 분자를 선택하다

2000년대 초, 미국 UC버클리의 젊은 화학자 데이비드 맥밀런(David MacMillan) 교수는 고민에 빠져 있었다. "왜 금속 촉매는 실험실에서만 반짝하고, 산업 현장에서는 쓰이지 못할까?" 금속 촉매는 성능은 뛰어났지만, 문제도 가지고 있다. 값이 너무 비싸고, 산소나 물에 노출되면 쉽게 변하는 성질이 있고, 특히 산업 현장에서 완벽하게 '무균·무수(無水)' 환경을 유지하는 건 거의 불가능했다. 그야말로 유리 상자 속에서만 빛나는 '유리 구두 신은 공주' 같은 존재였다.

하지만, 맥밀런 교수는 발상을 뒤집었다. "굳이 금속이 아니어도 되지 않을까?" 그의 눈은 우리 몸을 이루는 유기 분자로 향했다. 탄소 원자를 뼈대로 삼은 분자는, 산소·질소·황 같은 원자가 달라붙는 방식에 따라 성질이 완전히 바뀐다. 만약 이런 특성을 활용한다면, 금속 대신 유기 분자로도 충분히 촉매 역할을 할 수 있지 않을까 고민하였다.

첫 번째 돌파구 - 이리듐 촉매

그는 연구 끝에 그는 질소 원자를 포함한 분자를 촉매로 만들었다. 이 분자는 이리듐 이온을 형성하면서 전자를 잘 주고받는 능력을 가진다는 점에 착안하였다. 그리고 그는 이 촉매를 고전적인 화학 반응인 딜스-알더 (Diels-Alder) 반응에 적용했다. 결과는 놀라웠다. 이는 반응 속도는 빠르고, 선택성은 뛰어났다. 실험실 안에서 작은 혁명이 일어난 순간이었다.

2000년 이후, 유기촉매는 불꽃처럼 빠르게 퍼져 나갔다. 단순히 작동하는 수준을 넘어, 비대칭 촉매로서 탁월한 성능을 보여 주었다. 화학 반응에서는 종종 '거울 분자'가 만들어진다. 왼손과 오른손처럼 닮았지만 서로 겹쳐지지 않는 두 분자다. 문제는 우리 몸이나 약물의 효과가 이 중 하나에만 나타날 때가 많다는 것이다. 예를 들어, 특정 약물은 오른손형 분자만 효과가 있고, 왼손형은 전혀 쓸모가 없거나 부작용을 일으킬 수도 있다. 유기촉매는 이런 상황에서 빛을 발한다. 원하는 방향(예: 오른손형 분자)으로만 반응을 이끌어 내는 능력을 가졌기 때문이다. 덕분에 의약품, 향료, 기능성 화학물질을 안전하고 효율적으로 만들 수 있게 되었다.

화학 공정의 새로운 길 - 캐스케이드 반응

또한 유기촉매는 반응을 하나하나 끊어서 할 필요 없이, 연쇄적으로 이어지는 '캐스케이드(Cascade) 반응'을 가능하게 했다. 중간 산물을 따로 분리하거나 정제하지 않아도, 마치 도미노가 쓰러지듯 반응이 이어져 최종 산물이 나온다. 시간·비용·자원을 획기적으로 절약할 수 있는 방식이었다.

정리하자면, 유기촉매는 단순한 대체품이 아니라 새로운 패러다임이다. 금속 대신 분자로, 값비싼 조건 대신 친환경적이고 실용적인 방식으로. 오늘날 수많은 신약과 첨단 화학제품의 배경에는, 맥밀런 교수의 이 과감한 발상 전환이 자리하고 있었다.

의약품 생산에 감초 역할을 하는 유기촉매

유기촉매가 가장 빛을 발하는 분야는 단연 의약품 생산이다. 제약 연구에서 특히 중요한 것은 비대칭 촉매 작용인데, 이는 의약품의 효과와 안전성에 직접적인 영향을 미친다. 화학 반응에서 만들어지는 분자는 종종 '거울 분자(Enantiomer)' 형태로 나타난다. 마치 왼손과 오른손처럼 닮았지만 절대로 겹쳐지지 않는 구조다. 문제는 두 분자가 몸속에서 전혀 다른 역할을 한다는 점이다. 원하는 분자가 치료 효과를 내는 동안, 그 거울 분자는 오히려 방해하거나 부작용을 일으킬 수 있다.

가장 대표적인 사례가 1960년대 탈리도마이드(Thalidomide) 사건이다. 임산부의 입덧 치료제로 쓰였던 이 약물은, 한쪽 분자는 효과가 있었지만 다른 거울 분자가 태아의 기형을 유발하는 치명적인 부작용을 일으켰다. 이 사건은 제약업계 전체에 큰 충격을 주었고, 거울 분자를 구분해 선택적으로 만드는 것이 얼마나 중요한지 각인시켰다.

바로 이 문제를 해결한 혁신적인 솔루션이 유기촉매였다. 유기촉매를 사용하면 거울 분자 중에서 우리가 원하는 형태만을 골라 대량 생산할 수 있다. 덕분에 제약업계는 이제 희귀한 식물이나 심해 생물에서 극소량 추출해야 했던 성분들을 실험실에서 안정적으로 합성할 수 있게 되었다. 실제 사례는 많다.

불안·우울증 치료제 '파록세틴(Paroxetine)', 독감 치료제 '오셀타미비르(Oseltamivir, 상품명 타미플루)' 이 약물들은 모두 유기촉매 기술 덕분에 효율적으로 생산될 수 있었다. 또한, 거울 분자의 차이가 얼마나 극적일 수 있는지를 보여 주는 재미있는 예로 리모넨(Limonene)이 있다. 같은 분자지만 D형은 상큼한 레몬 향을, L형은 달콤한 오렌지 향을 낸다. 심지어 향의 강도는 최대 1000배 차이가 나기도 한다.

사실 과거에는 대부분의 화학자들이 "촉매는 금속이나 효소만 가능하다"라는 고정관념에 사로잡혀 있었다. 하지만 유기촉매는 이 편견을 깨고, 화학계가 수십 년 동안 풀지 못했던 문제를 단번에 해결해 냈다. 정리하자면, 유기촉매는 제약산업에서 치료 효과를 극대화하고 부작용을 최소화하는 '감초 역할'을 하고 있다. 덕분에 인류는 더 안전하고 효과적인 약을 만들 수 있는 새로운 시대를 맞이하게 된 것이다.

촉매로 항생제 만들기

1928년, 영국의 생물학자 플레밍은 푸른곰팡이에서 인류 최초의 항생제 페니실린을 발견했다. 그리고 1945년, 영국의 화학자 도로시 호지킨은 페니실린의 구조 속에 들어 있는 작은 고리 화합물, 베타-락탐(β-lactam)을 밝혀냈다. 베타-락탐은 탄소 3개와 질소 1개로 이루어진 4원자 고리 구조인데, 페니실린뿐 아니라 카바페넴, 세팔렉신 등 오늘날 사용되는 주요 항생제들의 기본 골격이기도 하다.

문제는 이 베타-락탐을 합성하는 과정이다. 베타-락탐은 '거울상 이성질체(Chirality)'를 가질 수 있는데, 같은 원소 조합임에도 마치 왼손과 오른손처럼 서로 다른 성질을 갖는다. 항생제로 유용한 건 그중 한쪽뿐이어서, 합성 과정에서 카이랄 보조제를 붙여 원하는 방향의 분자만 선택적으로 얻는다. 하지만 이 방식은 단계가 복잡하고, 비용이 많이 들며, 보조제를 제거하면서 추가 폐기물까지 발생한다는 단점이 있었다.

최근 기초과학연구원(IBS) 연구팀이 이 문제를 해결할 새로운 길을 열었다. 바로 값비싼 귀금속 대신 경제적인 니켈(Ni) 기반 촉매를 이용해, 자연에 풍부한 탄화수소로부터 항생제 원료물질인 카이랄 베타-락탐을 합성하는 데 성공한 것이다. 덕분에 시장 가치가 원료인 탄화수소보다 700배 이상 높은 의약품 원료를 더 경제적이고 친환경적으로 만들 수 있는 길이 열린 것이다.

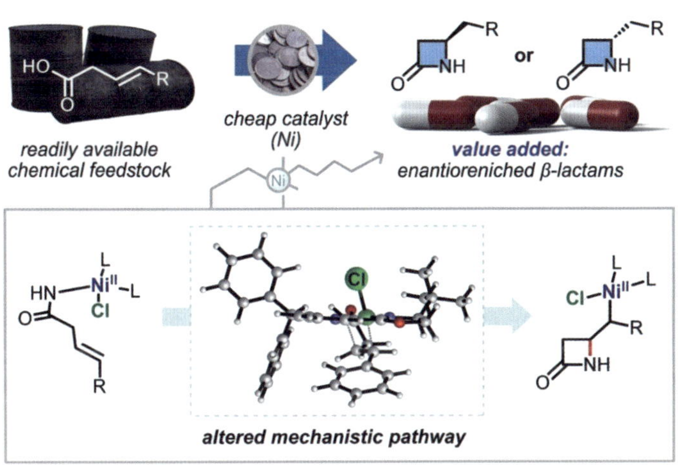

니켈 촉매를 활용한 항생제 원료물질 카이랄 베타-락탐 합성
(출처: https://www.ibs.re.kr/)

1) 락탐(Lactam): 락탐은 분자 내에 -CONH- 결합을 함유하는 고리 모양 질소화합물의 일종이다. 베타-락탐은 탄소 원자 4개가 이룬 4원환 구조의 락탐을 의미한다.

2) 카이랄성(Chirality): 분자식은 서로 같지만 서로 다른 물리·화학·광학적 성질을 갖는 특징. 왼손과 오른손처럼 서로를 거울에 비춰 보면 같은 모양이지만, 아무리 회전시켜도 겹칠 수 없는 상태를 카이랄성 혹은 거울상 이성질성이라고 부른다. 한쪽 유형은 유용할지라도, 다른 유형의 이성질체는 독약이 될 수 있어 약물 합성에 있어 카이랄성 고려가 무엇보다 중요하다.

3) 다이옥사졸론(Dioxazolone): 아마이드 골격 합성을 위해 활용되는 시약으로, 전이금속 촉매과와 반응하면 이산화탄소를 내놓으며 금속-나이트렌 중간체를 형성하는 것으로 알려져 있다. (출처: https://www.ibs.re.kr/)

나노(Nano) 촉매로 코로나바이러스 치료제 길을 열다

신종 코로나바이러스 감염증의 확산으로 전 세계가 공포에 떨고 있을 때, 의약품과 같은 정밀화학제품의 생산공정을 매우 단순화할 수 있는 통합형 나노 촉매 플랫폼 기술을 이용하여 치료제를 개발할 수 있다. 단일 다공성(MOF) 나노 플랫폼에 서로 다른 3개의 촉매 기능을 효과적으로 통합하여 나노 거리 내에 가깝게 배치된 촉매물질 간의 시너지 효과를 통해 우수한 수율과 높은 광학활성을 지니는 생성물을 생산하는 단일공정 다단계 연속반응이 가능하다.

의약품의 제조는 연속적인 합성-분리 단계를 거치는 다단계 공정을 통해서 이루어지며, 이 때문에 많은 시간과 비용을 필요로 한다. 특히, 각 합성 단계에 사용되는 촉매 물질들은 서로의 활성 및 선택성을 저해하는 경우가 많아서, 촉매들의 반응성과 안정성이 유지되는 복합-촉매 물질을 개발하고 이를 이용하여 공정을 단일화하는 것은 매우 어려우면서 중요한 과제이다. 해결 방법으로서 금속이온과 유기물의 자기조립을 통해서, 나노 크기(20~40nm)의 동공을 지니는 다공성 금속-유기-골격체(MOF)를 합성한 후에 금속 나노 입자 촉매와 효소 촉매를 나노 동공에 단계적으로 도입하는 방법을 통해서, 여러 촉매기능이 통합된 나노 촉매를 제조하는 것이다. 나노 동공에 분리되어 포획된, 금속이온, 나노 입자, 효소가 서로의 촉매 기능을 저해하지 않으면서 다단계의 연속 화학 반응을 효과적으로 수행할 수 있게 된다.

특히 제약산업에서는 나노 촉매기술을 이용하여 복잡한 합성 과정에서 제공하는 정밀성과 효율성으로부터 혜택을 받고 있다. 나노 촉매는 더 빠른 반응과 더 높은 선택성을 가능하게 하여 고순도 활성 제약 성분(API)을 생산하는 데 이상적이다. 이는 약물 개발 속도를 높일 뿐만 아니라 폐기물 및 에너지 소비를 줄이면 비용 효율적인 생산 방법을 제공한다. 최근의 연구들은 쉽게 회복되고 재사용될 수 있는 나노 촉매 개발에 중점을 두어 제약 제조에 대한 그들의 매력을 더욱 향상시켰다.

나노 촉매기술에 관해 알아보면, 나노 크기는 10억분의 1미터 크기의 물질을 조작하는 기술이고, 원자, 분자 및 초분자 물질을 합성하고, 조립, 제어하며 혹은 그 성질을 측정, 규명하는 기술이다. 이러한 나노기술은 표면과학, 유기화학, 분자 생물학, 반도체 물리학, 미세제조 등의 다양한 과학분야에 포함되어 이용 범위가 매우 넓다. 나노기술은 의학, 전자 공학, 생체재료학, 에너지 생산 및 소비자 제품처럼 광대한 적용 범위를 가진 새로운 물질과 기계를 만들 수 있다.

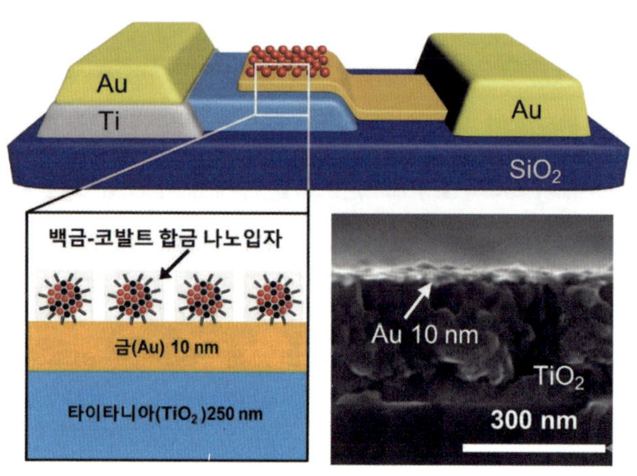

나노 입자와 금(Au)/타이타니아(TiO₂)로 만들어진 촉매 모식도
(출처: 기초과학연구원)

광학적 특성으로 나노 영역에서는 크기에 따라 색깔이 변한다. 예를 들어 금(Au)은 일반적으로는 황금색을 띠지만 10-200nm 사이의 크기에서는 구형일 경우 적색 계열의 색을 띠며, 모양과 구조에 따라 청색이나 녹색 등의 다양한 색을 띠게 된다. 화학적 특성으로서 모든 물질은 큰 덩어리에서 작은 덩어리로 쪼개짐에 따라 물질 전체의 표면적이 급격히 커지게 되며, 이로 인해 나노 물질은 독특한 특성을 갖게 된다. 예를 들어 이산화티타늄(TiO₂)은 입자 크기가 20nm 이하라 할 때 형광등이나 백열등에서 발생되는 약한 자외선을 받으면 살균력, 자가 세척력, 김 서림 방지 효과를 갖기 때문에 오늘날 다양하게 사용되고 있다.

고분자 중합용 촉매

　우리 주변의 다양한 생활용품으로 제조되는 각종 합성수지(PE, PP 등)나 합성고무(BR, IR, EPDM 등) 제조에 이용되는 촉매이다. 고분자 중합용 촉매는 고분자 물질을 합성하는 과정에서 반응 속도를 높이고, 원하는 분자량이나 구조를 가진 고분자를 얻기 위해 사용되는 물질이다. 다양한 종류의 촉매가 있으며, 각 촉매는 특정 중합 반응에 특화되어 사용된다.

　특히, 중합 방법에 따라 라디칼(Radical) 중합 촉매, 카치온 중합 촉매, 아니온 중합 촉매, 배위 아니온 중합 촉매로 나눈다. 라디칼 중합 촉매는 고분자 중합으로 플라스틱을 제조하는 방법 유형 중 하나로, 활성 중심이라고 하는 말단 자유 라디칼 반응성 자리에 불포화 단량체 분자가 연속적으로 첨가되어 성장하는 방식의 중합용 촉매다. 양이온 중합 촉매는 탄소-탄소 이중 결합이나 고리형 화합물과 같은 분자에서 양이온 형태의 반응 중심을 생성하여 중합 반응을 유도하는 촉매이다.

　음이온 중합 촉매는 합성고무(SBR 등)의 제조에 이용되는 촉매로서 지글러-나타(Ziegler-Natta) 촉매가 유명하고 고밀도 폴리에틸렌(HDPE), 저밀도 폴리에틸렌(LLDPE), 합성목재용 재료(PB) 등에 사용되는 촉매물질이다.

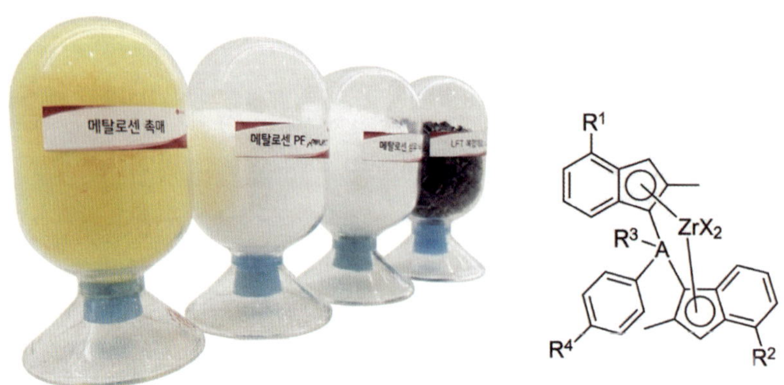

메탈로센 촉매
(출처: LG화학, 구글 Patents)

식용유 가공용 촉매

음식을 요리할 때 사용하는 식용유나 기타 유지류를 가공할 때 사용되는 촉매 물질로, 주로 수소화, 에스테르화, 에스테르 교환 반응 등에서 반응 속도를 높이거나 특정 성질을 변화시키는 용도로 사용한다. 이러한 촉매는 식품 산업, 특히 쇼트닝, 마가린, 제과, 제빵 등에 사용되는 식용유를 제조하는 데 없으면 안되는 중요한 물질이다.

식용유 가공용 수소화 촉매는 불포화 지방산을 포화 지방산으로 전환하여 유지의 경도를 높이거나 산화를 방지하는 데 사용되며, 주로 니켈, 백금, 팔라듐 촉매를 사용한다. 특히 니켈 촉매를 사용하여 식용유를 경화시켜 쇼트닝, 마가린 등을 만들 수 있다. 그리고 유지 성분을 더 작은 분자로 분해하여 유지의 점도를 조절하거나 특성을 변화시키는 데 사용하는 분해 촉매로는 주로 산 촉매나 효소 촉매를 활용한다. 에스테르 교환 촉매는 유지와 알코올 또는 다른 에스테르 사이의 반응을 촉진하여 유지의 물성을 변화시키거나 새로운 물질을 합성하는 데 사용한다.

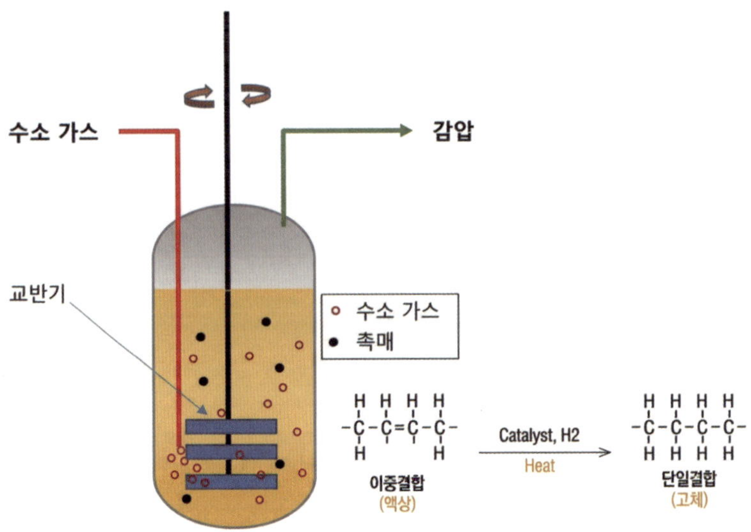

촉매를 이용하는 식용유 수소경화장치 및 반응식

제3장

마케팅의 개념과 활용

마케팅의 등장과 정의

마케팅, 왜 우리 삶 곳곳에 숨어 있을까? 지금 이 순간에도 수많은 기업들이 치열하게 경쟁하고 있다. 비슷한 스마트폰, 똑같아 보이는 커피, 수많은 브랜드 옷… 그런데도 우리는 특정 제품을 더 선호한다. 왜 그럴까? 바로 여기에 마케팅(Marketing)이라는 보이지 않는 힘이 숨어 있다. 사실 '마케팅'이라는 단어는 꽤 흥미롭게 만들어졌다. 19세기 후반 미국에서, 시장(Market)에 '~ing'를 붙여 만든 말이다. 단순히 '시장'이라는 공간이 아니라, 시장에서 끊임없이 벌어지는 활동과 움직임을 담아낸다는 의미이다.

그렇다면 마케팅이란 뭘까? 간단히 말하면, 소비자가 원하는 것을 정확히 알아내고, 그걸 만족시키기 위한 모든 활동이다. 여기서 중요한 단어 두 가지가 있다. 즉 니즈와 원츠이다. Needs(니즈)는 꼭 필요한 것이다. 예를 들어 "나는 배가 고프다."이다. Wants(원츠)의 의미는 필요를 채우는 방식이다. 즉 "나는 치킨이 먹고 싶다!"인 것이다.

기업은 이 니즈와 원츠를 이해하고, 우리에게 맞는 상품과 서비스를 제안한다. 그런데 많은 사람들이 '마케팅 = 판매'라고 오해하고 있다. 판매(Sales)는 이미 만든 물건을 어떻게든 팔기 위해 집중한 것이지만, 마케팅은 한발 앞서 "사람들이 정말 원하는 게 뭘까?"에서 출발한다. 예를 들어 볼까? 길에서 갑자기 누가 다가와 "새 비누 사세요! 싸요!" 하고 말하면, 이건 판매다. 하지만 어떤 회사가 "당신 피부 타입에 맞는 촉촉한 비누가 필요하다"는 걸 미리 파악해, 맞춤형 광고를 보여 주고, 편리한 배송까지 제공한다면? 이건 마케팅이다. 즉, 판매는 마케팅 안에 포함된 작은 부분일 뿐이고, 마케팅은 훨씬 더 넓은 그림을 그리는 전략이다.

마케팅, 왜 우리의 삶 곳곳에 숨어 있을까?

이렇게 보면, 마케팅은 단순히 기업의 일이 아니라 우리 생활 곳곳에 스며 있는 보이지 않는 손이라고 할 수 있다. 우리가 매일 선택하는 커피 브랜드, 쇼핑몰, 앱 하나하나 뒤에는 다 마케팅이 숨어 있다. 몇 가지 사례를 살펴보자.

스타벅스

"그냥 커피가 아니야, '경험'이야." 커피 맛만 놓고 본다면, 집에서 내려 마시는 원두커피가 더 저렴하고 맛있을 수도 있다. 그런데 왜 사람들은 스타벅스로 발걸음을 옮길까? 스타벅스는 단순히 커피를 파는 게 아니라, '나만의 제3의 공간(Third Place)'을 판매한 것이다. 집도 아니고, 직장도 아닌, 편하게 앉아 책을 읽고, 노트북을 켜고, 대화할 수 있는 공간을 서비스하는 것이기 때문이다. 즉, "여기선 내가 잠깐 여유로운 사람이 될 수 있다"는 느낌, 바로 이것이 스타벅스 마케팅의 핵심이다.

애플 아이폰

제품이 아니라 "라이프스타일". 아이폰이 처음 나왔을 때, 많은 사람들은 이렇게 말했다. "스펙은 다른 폰보다 달리는데, 왜 이렇게 비싸지?" 하지만 애플은 단순한 휴대폰이 아니라, 혁신을 경험하는 문화를 팔았다. 깔끔한 디자인, 직관적인 인터페이스, 그리고 "Think Different"라는 메시지. 애플 제품을 쓰는 건 단순한 선택이 아니라, 나를 표현하는 공간이 된 것이다. 지금도 아이폰은 단순히 통화와 문자만 하는 기계가 아니라, '스타일'과 '정체성'을 보여 주는 도구로 마케팅 되고 있다.

나이키

운동화가 아니라 "나의 스토리". 나이키 광고에서 "Just Do It"이라는 문구는 너무 유명하다. 하지만, 그 문구는 단순한 구호가 아니다. 예를 들어, 달리기를 시작하려는 한 사람을 떠올려 보자. "나는 체력이 안 좋아서 못할 것 같아…"라고 망설이던 순간, 나이키는 말한다. "그냥 해. Just Do It." 나이키는 신발을 파는 게 아니라, 우리의 도전과 가능성을 파는 것이다. 그래서 운동화 하나를 사도, "내가 더 강해진다"는 기분이 들게 만들어 주는 것이다.

맥도날드

햄버거가 아니라 "추억". 어릴 때 가족과 함께 먹었던 해피밀 장난감, 친구들과 밤늦게 먹은 불고기버거. 맥도날드는 단순한 패스트푸드가 아니라, 추억을 공유하는 브랜드로 자리 잡았다. 그래서 마케팅에서도 단순히 "맛있다"가 아니라, "맥도날드는 언제나 당신 곁에 있었다"는 메시지를 강조한다.

마케팅의 정의와 그 변화

마케팅은 오늘날 우리 생활 속에 너무나 깊숙이 들어와 있다. 길을 걷다 보면 보이는 광고판, 온라인에서 무심코 클릭하게 되는 배너 광고, 그리고 우리가 자주 사용하는 앱의 푸시 알림까지, 이 모든 것이 마케팅의 한 단면이다. 그렇다면 학자들이 정의하는 '마케팅'이란 정확히 무엇일까?

미국 마케팅학회(AMA)는 마케팅의 정의를 시대에 맞추어 몇 차례 개정해 왔다. 1948년, 최초의 정의는 다소 단순하다. "마케팅은 생산자로부터 소비자나 사용자에게 제품과 서비스가 흘러가도록 관리하는 기업 활동"이라는 것이다. 쉽게 말해, 물건을 만들고 그것을 고객에게 전달하는 과정 전체가 마케팅이라는 관점이다.

하지만, 시간이 흐르면서 단순히 '물건을 파는 것'만으로는 설명이 부족해졌다. 1985년, AMA는 정의를 새롭게 다듬었다. 이때부터는 "아이디어, 제품, 서비스의 창안, 가격 결정, 촉진, 유통을 계획하고 실행하는 과정"이라는 좀 더 넓은 개념으로 발전시켰다. 즉, 마케팅은 단순히 물건을 파는 활동이 아니라, 고객의 마음속에서 '가치 있는 교환'을 만들어 내는 과정으로 본 것이다.

그리고 2004년, 다시 한 번 중요한 전환점이 찾아왔다. 글로벌 경쟁이 치열해지고, 고객의 요구가 시시각각 변하는 환경 속에서 AMA는 마케팅을 "조직과 이해관계자들에게 이익이 되도록 고객 가치를 창출하고, 의사소통을 전달하며, 관계를 관리하는 활동"이라고 정의하였다. 이제 마케팅은 '상품 판매'가 아니라 고객과의 관계를 구축하고 유지하는 전략적 활동으로 자리매김하게 된 것이다.

마케팅의 철학과 관리 이념

이러한 마케팅의 정의 속에는 단순한 기술적 의미만이 아니라 경영자들의 철학이 녹아 있다. 현대 마케팅은 네 가지 큰 축으로 요약할 수 있다.

- 소비자 지향성: 기업이 먼저 생각해야 할 것은 '소비자가 무엇을 원하는가'
- 기업 목적 지향성: 단순히 고객만족에 머무르지 않고, 기업의 지속적인 성장과 이익을 고려해야 하는 것
- 전사적 마케팅 지향성: 마케팅은 특정 부서만의 일이 아니라, 기업 전체가 고객 중심으로 움직여야 한다는 뜻
- 사회적 책임 지향성: 이익만 추구하는 것이 아니라 사회와 환경에 대한 책임도 함께 고려해야 하는 것

결국 마케팅의 핵심은 교환에 있다. 사람들은 자신이 가진 것을 내어 주고, 그 대가로 원하는 것을 얻게 된다. 기업은 제품이나 서비스를 제공하고, 소비자는 돈이나 시간을 지불하는 것이다. 이 과정이 원활하게 이루어질 때, 양쪽 모두가 만족하는 교환이 성립하게 된다. 즉, 마케팅은 단순히 물건을 파는 행위가 아니라, 기업과 고객이 서로 이익을 주고받는 관계를 만들어 가는 과정이라고 할 수 있다.

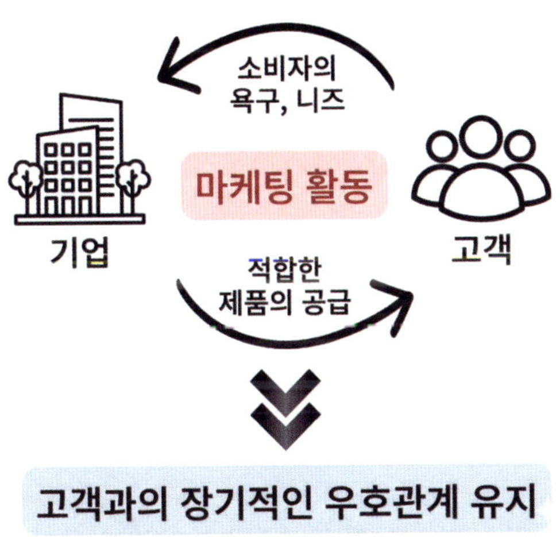

마케팅의 구성과 관계

마케팅의 역사와 발전 단계

마케팅은 오늘날 기업 활동의 핵심으로 자리 잡고 있지만, 처음부터 이런 개념이 존재했던 것은 아니다. 시대의 경제적 조건, 사회적 요구, 기술적 변화에 따라 조금씩 모습을 달리해온 것이다. 마케팅의 발전 과정은 대체로 다섯 단계로 나누어 설명할 수 있다.

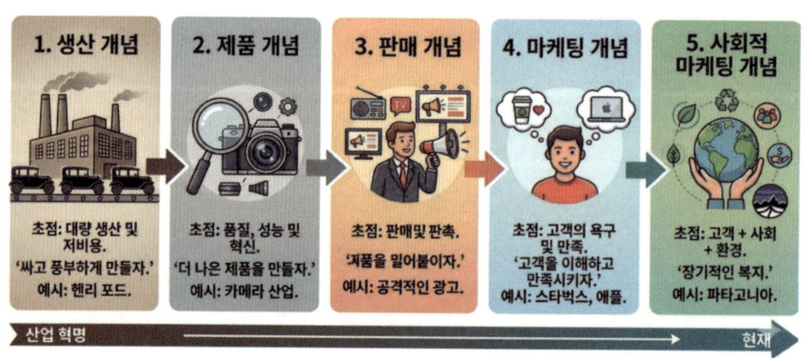

마케팅 개념의 역사와 발전 단계

생산 개념의 마케팅

마케팅의 역사는 산업혁명과 함께 본격적으로 시작된다. 이 시기는 공급이 절대적으로 부족했다. 소비자는 제품을 얻는 것 자체가 어려웠고, 기업은 단순히 많이, 그리고 싸게 만드는 것만으로도 충분히 시장에서 성공할 수 있었다. 헨리 포드가 대표적 사례다. 그는 자동차를 대량생산할 수 있는 조립 라인 방식을 도입했고, 오직 검은색의 '모델 T'만을 생산했다. 소비자는 색상을 선택할 수 없었지만, 당시에는 자동차를 소유할 수 있다는 사실만으로도 충분히 만족스러웠다. 이런 시대를 우리는 생산 개념의 마케팅 시대라고 부른다. 기업의 초점은 소비자가 아니라 오직 생산성 향상과 공급 확대에 맞추어져 있었다.

제품 개념의 마케팅

시간이 지나며 공급은 늘어났고, 단순히 물건을 만드는 것만으로는 경쟁에서 우위를 점할 수 없게 되었다. 기업들은 경쟁사보다 더 좋은 제품을 만들기 위해 성능과 품질, 그리고 디자인 개선에 집중했다. 소비자도 점차 "어떤 제품이 더 좋은가"에 관심을 가지기 시작했다. 카메라 산업이 좋은 예다. 해상도를 높이고, 더 가볍게 만들고, 사용 편의성을 개선하는 방식으로 기업들은 경쟁을 벌였다. 소비자는 이제 단순히 "있으면 산다"가 아니라 "어떤 제품이 더 나은가"를 기준으로 선택을 했다. 이 시기를 우리는 제품 개념의 마케팅 시대라고 부른다.

판매 개념의 마케팅

하지만 시간이 흐르며 시장은 곧 공급과잉 상태에 들어섰다. 아무리 좋은 제품이라도 저절로 팔리지는 않았다. 기업은 제품을 어떻게든 소비자에게 팔아야 했다. 이때 본격적으로 광고, 판촉, 영업 전략이 도입되었다.

라디오와 텔레비전 광고가 대중화된 것도 바로 이 시기다. 기업은 소비자에게 강렬한 메시지를 전달하고, 때로는 과장된 표현을 통해 구매를 유도했다. '좋은 제품은 스스로 팔린다'는 믿음은 더 이상 통하지 않았다. 대신 판매를 극대화하는 것이 마케팅의 핵심이 되었다.

마케팅 개념의 시대

1960년대 이후, 기업들은 다시 한번 중요한 사실을 깨닫게 된다. 아무리 강력한 광고와 판촉 활동을 벌여도, 결국 소비자가 원하지 않는다면 팔리지 않는다는 점이다. 이 시기의 마케팅은 고객 중심적 사고로 전환되었다. 기업은 이제 "우리가 팔고 싶은 것"이 아니라 "소비자가 사고 싶은 것"에 초점을 맞추었다. 고객의 욕구와 필요를 정확히 이해하고, 이를 충족시키는 것이 곧 기업의 성공으로 이어진다는 사고방식이 자리 잡았다. 예를 들어, 스타벅스는 단순히 커피를 판매하는 것이 아니라 '머물고 싶은 공간', '일상의 작은 휴식'을 제공하며 고객의 정서적 욕구를 충족시켰다. 애플은 기능적 스펙을 넘어 고객이 느끼는 경험과 감성에 가치를 부여했다. 이것이 바로 마케팅 개념의 시대, 즉 고객 지향적 마케팅의 본격적인 출발이었다.

사회적 마케팅 개념

오늘날 마케팅은 단순히 기업과 소비자 사이의 교환 관계를 넘어섰다. 이제는 사회 전체와 환경까지 고려하는 단계로 발전했다. 소비자는 기업이 단순히 좋은 제품을 만드는 것에 만족하지 않는다. 그들은 묻는다. "이 기업은 환경을 생각하는가?" "사회적 책임을 다하는가?" 이에 따라 많은 기업들은 친환경 경영, 사회공헌 활동, 윤리적 소비를 중시하는 전략을 내세우고 있다. 대표적인 예가 아웃도어 의류 브랜드인 파타고니아이다. 이 회사는 '옷을 덜 사라'는 역설적인 캠페인을 벌이며 환경 보호 메시지를 전달했고, 이는 오히려 소비자들의 신뢰와 지지를 얻었다. 이처럼 사회적 마케팅은 단순한 이미지 관리가 아니라, 장기적으로 기업의 브랜드 가치를 높이고 지속 가능성을 확보하는 중요한 전략으로 자리 잡았다.

마케팅의 역사는 곧 기업과 소비자가 맺어온 관계의 역사라 할 수 있다. 생산만 하면 팔리던 시기를 지나, 더 나은 제품을 만들고, 판매 전략을 강화하며, 고객의 욕구를 중심에 두고, 이제는 사회적 책임까지 고민하는 단계에 이르렀다. 이 흐름 속에서 변하지 않는 진실이 하나 있다. 바로 소비자가 언제나 마케팅의 중심에 있다는 것이다. 시대가 변하더라도, 결국 기업은 사람들의 필요와 욕구를 이해하고 충족시키는 데서 살아남을 수 있다.

시장과 교환의 의미

사람들은 일상 속에서 다양한 제품과 서비스를 소비함으로써 자신의 필요와 욕구를 충족시킨다. 우리가 흔히 떠올리는 제품은 눈에 보이고 손에 잡히는 물건일 수도 있지만, 병원의 진료, 여행사의 패키지 여행처럼 형태가 없는 서비스도 넓은 의미의 '제품'에 포함된다. 마케터는 자신이 가진 제품이나 서비스를 시장에 내놓고, 그 대가로 금전적 이익이나 원하는 반대급부를 얻고자 한다.

이러한 과정의 핵심에는 바로 교환이라는 개념이 자리한다. 교환이 일어나는 곳이 바로 시장이며, 시장은 단순히 물건을 사고파는 장소를 넘어서, 구매력을 가진 소비자와 수요자들의 집합을 의미하며, 우리의 실생활을 사례로 시장을 크게 다섯 가지로 구분하여 보자.

토요일 아침, 민수 씨는 가족과 함께 대형 마트에 갔다. 아이는 새 학기 준비물로 가방을 고르고, 아내는 저녁거리를 챙긴다. 민수 씨는 오랫동안 갖고 싶었던 무선 이어폰을 장바구니에 담는다. 이렇게 개인과 가정이 자신의 필요와 욕구를 충족시키기 위해 제품을 구매하는 장면, 이것이 바로 소비자 시장이다.

같은 시간, 마트 건너편의 공장에서는 또 다른 거래가 이루어지고 있다. 자동차 회사는 새 모델을 만들기 위해 철강 회사와 부품 공급업체에서 필요한 자재를 대량으로 들여오고 있다. 이들은 제품을 직접 소비하지 않는다. 대신 새로운 제품을 만들어 내기 위해 원재료와 장비를 사들인다. 이것이 바로 산업 구매자 시장이다.

이제 시선을 온라인으로 돌려보자. 어떤 청년은 온라인 쇼핑몰을 운영하면서 인기 있는 상품을 도매업체에서 대량으로 구입한다. 그는 직접 사용하지 않고 다시 소비자에게 되팔아 수익을 얻는다. 이처럼 재판매를 목적으로 제품을 구매하는 곳이 바로 재판매업자 시장이다.

다음은 정부의 영역이다. 아이들이 다니는 초등학교 교실을 떠올려 보자. 교과서, 책걸상, 급식 식자재까지 모두 정부가 예산을 통해 구매한 것이다. 국방부가 장비를 들여오거나, 지방자치단체가 새로운 IT 시스템을 발주하는 것도 마찬가지다. 이처럼 공공 서비스를 위해 제품과 서비스를 구매하는 주체가 바로 정부 시장이다.

마지막으로 지구촌을 무대로 삼는 국제 시장이 있다. 한국에서 만든 스마트폰이 유럽에서 팔리고, 브라질의 커피가 한국의 카페에서 제공된다.

기업, 정부, 소비자들이 국경을 넘어 서로 거래하며 얽혀 있는 이 무대는 오늘날 글로벌 경제의 핵심이다.

교환이라는 공통된 원리

이처럼 시장은 소비자, 기업, 유통업자, 정부, 그리고 국제 사회까지 다양한 모습으로 나타난다. 하지만 형태가 아무리 달라 보여도 모든 시장에는 한 가지 공통된 원리가 흐른다. 바로 욕구를 충족시키기 위한 교환이다. 민수 씨 가족이 마트에서 장을 보는 것도, 자동차 회사가 철강을 들여오는 것도, 정부가 교과서를 구매하는 것도, 그리고 해외에서 물건이 오가며 무역이 이루어지는 것도 결국은 서로가 원하는 가치를 얻기 위해 교환을 선택한 결과인 것이다.

마케팅의 설계도: 4P에서 7P까지

마케팅을 이해하려면, 먼저 마케팅이 다루는 기본 도구부터 알아야 한다. 흔히 "마케팅의 설계도"라고 불리는 것이 4P다. 제품(Product), 가격(Price), 유통(Place), 촉진(Promotion) 이 네 가지는 마케터가 시장을 공략할 때 반드시 고려해야 하는 축과 같다. 예를 들어 보자. 어느 회사가 신제품 커피 음료를 출시한다고 하자.

- 제품(Product): 커피의 원두 품질, 맛, 포장 디자인을 어떻게 할 것인가?
- 가격(Price): 스타벅스처럼 프리미엄 가격으로 갈 것인가, 편의점 커피처럼 부담 없는 가격으로 갈 것인가?
- 유통(Place): 대형 마트에서만 팔지, 카페에서만 팔지, 혹은 온라인 배달 플랫폼까지 열지?
- 촉진(Promotion): 광고를 통해 "프리미엄 원두" 이미지를 강조할지, 1+1 프로모션으로 대중의 호기심을 끌지?

이렇게 4P는 마케터가 시장에서 제품을 성공적으로 자리 잡게 하기 위한 기본 도구 상자인 셈이다.

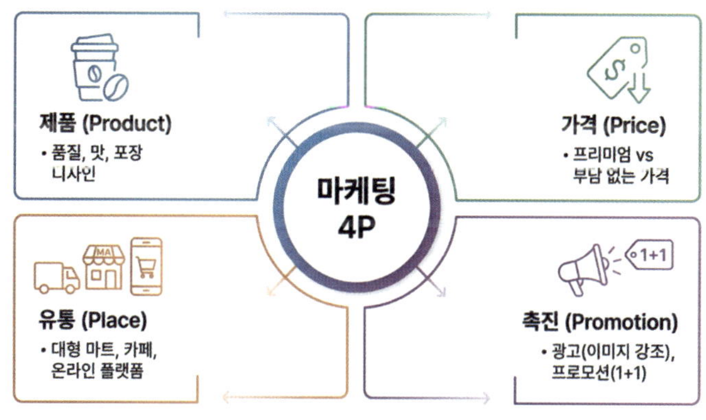

마케팅의 4P 전략

서비스 시대의 도래와 7P

하지만 세상은 빠르게 변하고 있다. 제품만큼이나 서비스의 중요성이 커진 것이다. 예를 들어, 같은 커피라도 고객이 카페에서 경험하는 것은 단순히 '음료'가 아니다. 바리스타의 친절한 미소, 주문이 처리되는 속도, 매장의 분위기까지 모두 경험의 일부다. 이런 변화를 반영해 기존의 4P에 3가지를 더한 개념이 나왔다. 바로 7P다.

- 사람(People): 서비스 제공에 직접적으로 관여하는 직원뿐만 아니라, 그 서비스를 이용하는 고객, 심지어 같은 공간에 있는 다른 고객들까지 포함된다. 예컨대, 항공사 승무원의 친절함, 같은 비행기 안의 다른 승객들의 분위기 모두 서비스 경험을 좌우한다.
- 과정(Process): 서비스가 고객에게 전달되는 절차와 흐름을 말한다.

온라인 쇼핑몰의 경우, 주문-결제-배송-A/S까지 이어지는 과정 전체가 고객 경험에 직결된다.

- 물리적 증거(Physical Evidence): 무형인 서비스를 고객이 체감할 수 있도록 하는 유형적 요소들이다. 은행의 깔끔한 인테리어, 호텔의 향기로운 로비, 카페의 메뉴판과 포장 용기 등이 모두 물리적 증거에 해당한다.

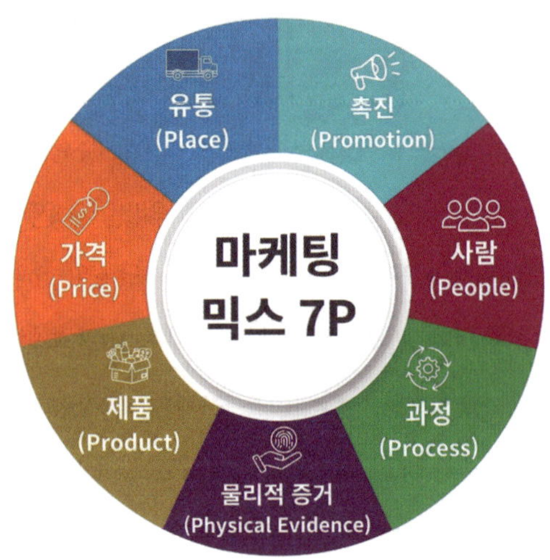

마케팅의 4P & 7P 전략

마케팅 믹스 전략: 조화로운 연주

마케팅 활동은 단순히 4P나 7P 각각을 따로 실행하는 것이 아니다. 마케터는 이 요소들을 상황에 맞게 조화롭게 조합해야 한다. 이것이 마케팅 믹스 전략이다. 마치 오케스트라가 각 악기를 조화롭게 연주해야 아름다운 음악이 완성되듯, 마케팅도 제품, 가격, 유통, 촉진, 사람, 과정, 물리적 증거가 서로 어울려야 한다. 하나라도 어긋나면 고객 경험은 깨져 버린다.

고객관계관리(CRM): 관계의 힘

마지막으로 현대 마케팅은 단순히 '한 번 팔고 끝내는 것'에 머물지 않는다. 기업의 목표는 장기적인 고객 관계를 유지하는 것이다. 이를 가능하게 하는 것이 바로 CRM(Customer Relationship Management)이다. 예를 들어, 항공사는 고객이 어떤 좌석을 선호하는지, 어떤 노선을 자주 이용하는지를 데이터로 기록한다. 그리고 이를 바탕으로 맞춤형 서비스를 제공한다. 이 과정에서 고객은 "나를 특별히 대우해 주는구나"라는 가치를 느끼고, 기업은 충성 고객을 확보해 장기적인 이익을 얻는다.

마케팅 측면의 유통과 촉진

마케팅에서 유통(Place)은 단순히 물건을 "옮기는 과정"이 아니다. 유통은 소비자가 원하는 시간과 장소에서 제품을 손에 넣을 수 있도록 연결하는 다리 역할을 한다. 다시 말해, 생산과 소비 사이의 간극을 메워 주는 것이다.

예를 들어 보자. 어떤 소비자가 밤 11시에 컵라면이 먹고 싶다고 하자. 만약 편의점이 없다면 그는 배고픔을 해결할 방법이 없다. 그러나 편의점이라는 유통 채널 덕분에 그는 언제든지 원하는 장소에서 제품을 구매할 수 있다. 이처럼 유통은 소비자가 "필요할 때, 필요한 곳에서" 제품을 얻을 수 있게 만드는 핵심 기능이다.

유통의 방식은 크게 두 가지다.

- 직접유통: 생산자가 소비자에게 바로 제품을 전달하는 방식이다. 예를 들어, 농부가 시장에서 직접 딸기를 판매하는 경우다.
- 간접유통: 생산자와 소비자 사이에 유통업자(도매상, 소매상)가 개입하는 방식이다. 대형 마트에서 우리가 만나는 제품 대부분이 여기에 해당한다. 이 경우, 생산자는 판매 위험을 줄이고 소비자는 다양한 제품을 한자리에서 만날 수 있는 편리함을 얻는다.

이제 촉진(Promotion)에 대해 알아보자. 촉진은 말 그대로 소비자가 제품을 알게 하고, 관심을 가지게 하고, 결국 구매하도록 밀어붙이는 역할이다. 단순히 광고만을 뜻하지 않고, 소비자를 설득하는 모든 커뮤니케이션 활동을 포괄한다. 촉진의 주요 도구는 네 가지로 나뉜다.

- 광고(Advertising): 기업이 비용을 지불하고 TV, 라디오, 온라인 플랫폼 등 대중매체를 통해 소비자에게 메시지를 전달하는 방법이다. 예를 들어, 올림픽 기간 동안 방영되는 글로벌 브랜드 광고는 단순한 알림을 넘어 소비자에게 강력한 이미지와 감정을 각인시킨다.
- 인적 판매(Personal Selling): 판매원이 직접 고객을 만나 제품을 설명하고 설득하는 방식이다. 자동차 영업사원이 고객의 취향과 예산을 고려해 차를 추천하는 장면을 떠올리면 된다.
- 판매 촉진(Sales Promotion): 할인쿠폰, 1+1 행사, 샘플 증정처럼 단기간에 소비자의 구매 욕구를 자극하는 활동이다. 편의점의 "두 개 사면 하나 더" 이벤트는 대표적 사례다.
- 홍보(Public Relations): 언론 보도나 사회공헌 활동을 통해 기업의 긍

정적인 이미지를 알리는 방식이다. 한 기업이 환경 보호 캠페인에 참여하는 것도 PR의 일환이다.

즉 유통은 소비자가 원하는 시간과 장소에서 제품을 만나게 하는 연결망, 촉진은 소비자의 마음을 움직여 구매로 이어지게 하는 소통 수단이다. 그리고 서비스 시대에 들어서는 사람, 과정, 물리적 증거까지 함께 고려해야 비로소 완전한 마케팅 전략이 완성된다.

마케팅의 구성 요소

마케팅믹스 전략

마케팅믹스 전략을 수립하는 절차는 4P와 7P를 바탕으로 실행한다. 먼저 상황 분석은 기업의 내부 환경과 외부 환경을 분석하는 과정으로 흔히

SWOT(Strength, Weakness, Opportunity, Treat) 분석이라고 한다. 목표 수립은 기업이 달성해야 할 매출액, 수익성, 시장점유율 등의 목표를 수립하는 단계이다. 그리고 전략적 대안 파악은 상품을 중심으로 하는 네 가지의 전략 대안, 즉 시장 침투 전략, 시장 개발 전략, 신제품 개발 전략, 다각화 전략 등을 파악하는 단계이다.

시장 세분화와 표적 시장 선정 단계는 고객들의 다양한 라이프스타일 등을 중심으로 전체 시장을 공통된 욕구를 가진 몇 개의 시장으로 잘게 나누어 시장의 특성(잠재 시장 규모, 주요 고객 계층, 지역 등)을 파악하고자 하는 과정이다.

포지셔닝 전략은 세분화된 시장에서 고객들에게 어떤 이미지로 보이도록 할 것인가를 결정하는 전략이다. 예를 들어, 고가 전략, 저가 전략 등은 가격으로 포지셔닝한 것이며, 제품들을 다양한 계층으로 구분(예: 대형 승용차, 중형 승용차, 소형 승용차, 경차 등)하는 것은 제품 포지셔닝이라고 한다. 또한 마케팅믹스 전략의 결정은 마케팅의 요소, 즉 제품, 가격, 유통, 촉진 등의 요소들을 목표로 하는 시장이나 고객들에게 적합하도록 혼합하는 과정이다. 실행계획의 수립 단계에서는 마케팅믹스를 통해 결정된 전략을 구체적으로 언제, 어떻게, 어떤 방법으로 실행시킬 것인가를 계획하는 과정이다. 그다음에 예상 손익계산서를 작성하고, 마케팅 전략을 통해 실질적으로 얻게 될 다양한 손익을 계산한다.

통제 방법 결정은 마케팅 전략이나 실행계획을 실행할 때 영향을 미칠 수 있는 요소들을 어떻게 통제할 것인가를 결정하고, 비상계획 수립은 외부 영향요소에 의해 마케팅 전략이나 실행계획이 제대로 작동하지 않은 경우를 대비하여 예상 시나리오를 설정하고 비상 대책을 수립하는 단계이다.

　마지막으로 수립된 마케팅 전략에 대한 최종 의사결정권자의 의사결정 단계이다. 이러한 체계적인 관리 방법으로서 CRM은 현대 마케팅에 있어 가장 중요한 개념 중의 하나로, 고객의 자사에 대한 충성도를 높이기 위해 개별 고객의 구체적 정보를 관리하고 고객과의 접촉점을 세심하게 관리하는 과정이다. 다시 말하면, 자사의 고객들을 대상으로 탁월한 고객 가치와 고객 만족을 제공함으로써 수익성 있는 고객 관계를 구축하고 유지하는 전반적인 과정을 의미한다.

흥미로운 마케팅 전략 사례

AI 마케팅

마케팅의 세계에서 가장 큰 변화 중 하나는 바로 AI의 등장이다. 예전에는 마케터가 광고를 어디에 내야 할지, 어떤 문구를 써야 할지 오랜 시간 고민해야 했다. 하지만 지금은 상황이 다르다. 수많은 데이터를 분석하고, 고객의 마음속까지 들여다보는 듯한 AI 마케팅이 시장의 흐름을 바꾸고 있기 때문이다. 예를 들어 보자.

한 패션 브랜드는 매년 겨울이 되면 코트를 대량으로 생산했다. 하지만 언제나 문제는 재고였다. 어떤 해에는 너무 많이 남고, 또 어떤 해에는 예상보다 빨리 품절되었다. 그런데 AI가 도입된 순간부터 상황이 달라졌다. AI는 고객들의 구매 이력, 기후 데이터, 심지어는 SNS에서 사람들이 올리는 사진까지 분석해 "올해는 롱코트보다 숏패딩이 대세가 될 것"이라고 예측해 냈다. 결과는 놀라웠다. 해당 브랜드는 정확한 수량과 디자인을 준비할 수 있었고, 재고 손실을 크게 줄일 수 있었다.

AI 마케팅의 진짜 힘은 개인화에 있다.

가령, 당신이 최근에 인터넷에서 러닝화를 검색했다고 하자. 며칠 뒤 유튜브를 보는데, 당신이 좋아하는 운동선수의 인터뷰 영상 옆에 광고가 뜬다. 바로 당신이 검색했던 러닝화 브랜드다. 단순한 우연 같지만, 사실은 AI가 당신의 행동 패턴을 추적해 "이 사람은 달리기에 관심이 있다"라는 결론을 내린 것이다. 이처럼 AI는 개인의 관심사, 지역, 생활 패턴을 종합적으로 고려해 마케팅 메시지를 전달한다.

또한 AI는 마케터의 시간과 에너지를 절약해 준다. 과거에는 수천 명에게 보낼 이메일을 일일이 작성하고 발송해야 했다. 그러나 지금은 AI가 자동으로 "누가 어떤 이메일을 받으면 더 반응할 가능성이 높은지"를 분석하고, 맞춤형 메시지를 작성해 보낸다. 덕분에 마케터는 단순 반복 업무에서 벗어나 더 창의적인 아이디어에 집중할 수 있게 된다.

흥미로운 사례도 많다. 한 게임 회사는 AI 분석을 통해 "빠른 자동차를 좋아하는 게이머는 레이싱 게임에 더 큰 흥미를 가진다"는 사실을 알아냈다. 그래서 이들은 해당 고객에게만 맞춤형 광고를 보냈고, 그 결과 광고 클릭률이 두 배 이상 상승했다.

마지막으로, AI 마케팅은 단순히 효율성을 넘어서 고객 경험을 혁신한다. AI 챗봇이 대표적인 예다. 예전에는 고객이 문의 전화를 걸면 긴 대기 시간과 반복적인 상담 절차에 지쳐야 했다. 하지만 지금은 AI 챗봇이 24시간, 언제든지 고객의 질문에 즉각 답변한다. "내 주문이 어디쯤 왔지?"라는 질문에도 몇 초 만에 배송 상태를 알려 준다. 고객은 만족하고, 기업은 인건비를 줄이며 더 나은 서비스를 제공할 수 있다.

즉, AI 마케팅은 단순한 기술이 아니라, 데이터와 감성을 연결해 고객에게 더 맞춤화된 경험을 제공하는 새로운 패러다임이라 할 수 있다. 마케터는 이제 더 이상 단순히 제품을 판매하는 사람이 아니라, AI와 함께 고객의 마음을 읽고 스토리를 만들어 가는 데이터 기반 스토리텔러로 진화하고 있는 것이다.

AI 마케팅의 개념도

하지만, AI 마케팅에는 사실 단점도 존재한다. 가장 큰 문제 중 하나는 일자리이다. AI가 반복적이고 규칙적인 업무를 대체하면서, 데이터 분석이나 캠페인 관리와 같은 마케팅 직무 일부가 사라질 수도 있기 때문이다. 기업은 이제 인력을 단순히 대체하는 대신, 새로운 역할로 전환시키기 위한 촉매제와 지원 방법을 고민하는 추세이다. 또한, 알고리즘의 편향성 문제도 심각하다. 편향된 데이터로 학습한 AI 시스템은 무의식적으로 차별을 재생산할 수 있기 때문이다. 예를 들어, 특정 인구집단 중심의 데이터만 학습한 AI는 다른 그룹을 소외하거나 잘못된 인식을 가질 수 있으며, 이는 브랜드 이미지에 큰 부정적인 영향을 미칠 수도 있다.

드라마 속에 숨어 있는 마케팅, PPL

우리는 드라마나 영화를 볼 때 종종 이런 경험을 한다. 주인공이 갑자기 특정 음료를 마신다거나, 예능 프로그램 속 출연자가 자연스럽게 어떤 브랜드의 옷을 입고 나온다. 혹은 드라마 장면의 배경이 특정 프랜차이즈 매장으로 설정되어 있기도 하다. 얼핏 보면 단순한 연출처럼 보이지만, 사실은 치밀하게 계산된 마케팅 전략이다. 바로 PPL(Product Placement) 마케팅이다. PPL종류와 깊이에 대해 좀더 구체적으로 알아보자.

단순 노출: "화면에만 나와도 효과 있을까?"

가장 기본적인 PPL은 단순 노출이다. 예능에서 출연자 뒤쪽 냉장고에 특정 음료가 놓여 있다거나, 드라마의 테이블 위에 휴대폰 브랜드가 등장하는 방식이다. 하지만 이런 방식은 한계가 있다. 제품이 시청자의 눈에는 들어오지만, 극의 맥락과 연결되지 않으면 단순한 '배경 소품'으로 끝날 수 있기 때문이다. 예를 들어, 드라마 속 주인공이 치열한 감정 싸움을 벌이는 장면에서 테이블 위 커피잔에 로고가 크게 보인다고 해서, 시청자가 갑자기 그 브랜드 커피를 마시고 싶어지는 것은 아니다.

협찬 고지: 방송 끝의 로고 한 줄

시청자라면 누구나 프로그램이 끝날 때 흐르는 자막에서 "이 프로그램은 ○○○의 협찬으로 제작되었습니다"라는 문구를 본 적이 있을 것이다. 이것이 바로 협찬 고지형 PPL이다. 비록 드라마 속 장면에 등장하지는 않지만, 방송 말미에 로고가 크게 노출되며, 집중도가 높은 시점이라 효과적인 방식으로 꼽힌다. 예컨대 유명 예능 프로그램 말미에 대형 쇼핑몰이나 패션 브랜드 로고가 등장하면, 시청자는 자연스럽게 브랜드를 기억하게 된다.

가상광고: 화면 위의 짧은 스팟

최근에는 기술의 발달로 가상광고도 자주 쓰인다. 방송 화면 한쪽에 브랜드 로고나 간단한 이미지가 노출되는 방식이다. 시청자가 채널을 돌리지 않고 프로그램을 시청하면서 브랜드까지 무의식적으로 인식하게 되는 효과가 있다. 하지만 단점도 있다. 광고 시간은 보통 4~6초로 짧고, 많은 메시지를 담기 어렵다. 또 소재를 계속 새롭게 제작해야 한다는 점도 기업 입장에서는 부담이다.

본격적인 PPL: 캐릭터와 스토리에 녹아드는 브랜드

가장 효과적인 방법은 스토리에 녹아든 본격적인 PPL이다. 예를 들어, 드라마 속 주인공이 의사라면 병원 장면에서 특정 의료기기를 사용하거나, 검사 후 특정 브랜드의 건강식품을 추천하는 식이다. 또 한 식당이 지속적으로 배경으로 등장하면서 캐릭터들이 그곳에서 식사를 한다면, 시청자는 자연스럽게 해당 브랜드를 '드라마 속 일상'처럼 받아들이게 된다. 대표적인 사례로, 한 드라마에서는 주인공이 카페에서 자주 회의를 하는 장면이 반복되었는데, 이 카페가 사실 특정 프랜차이즈 매장이었다. 방송 후 실제 매장은 드라마 팬들의 방문이 이어지며 매출이 급상승했다.

장소 노출: 배경이 곧 광고판

프랜차이즈 매장이나 특정 브랜드의 건물이 드라마의 주요 배경으로 설정되는 것도 강력한 PPL 방식이다. 특히 사건사고나 로맨스의 무대가 특정 매장이 되면, 시청자에게 강렬한 인상을 남긴다. 예를 들어, 유명 드라마의 고백 장면이 특정 커피숍에서 촬영되었다면, 이후 실제 커피숍은 "드라마 촬영 장소"라는 타이틀로 수많은 팬들이 찾게 된다.

이처럼 PPL 마케팅은 단순한 광고를 넘어, 시청자의 일상과 감정에 자연스럽게 스며드는 전략이다. 단순 노출에서 협찬 고지, 가상광고를 거쳐, 스토리에 녹아 드는 본격적인 PPL에 이르기까지 다양한 방식이 존재한다. 중요한 건 자연스럽게 시청자의 공감대를 얻어내는 것이다. 결국 좋은 PPL은 광고 같지 않은 광고, 즉 콘텐츠와 브랜드가 하나로 어우러질 때 비로소 성공한다.

SNS 마케팅

현대 사회에서 사람들은 하루 대부분의 시간을 스마트폰과 컴퓨터를 통해 SNS에 접속하며 보낸다. 한국의 경우, 한 사람이 일주일 동안 SNS에 소비하는 평균 시간은 69시간에 달한다. 하루로 환산하면 거의 10시간에 가까운 시간이다. 이는 단순한 취미 생활을 넘어, 일상 전반이 SNS를 통해 이루어지고 있다는 사실을 보여 준다. 기업에게 SNS는 단순한 소통의 도구가 아니라, 소비자와 브랜드를 연결하는 중요한 마케팅 플랫폼이 된다. 즉, SNS는 현대인의 생활 습관 속에 자연스럽게 녹아든 마케팅 무대라 할 수 있다.

쌍방향 소통의 힘

SNS 마케팅은 빠른 정보 확산과 양방향 소통이 가능하다는 특징을 지닌다. 과거의 광고가 일방적으로 메시지를 전달했다면, SNS에서는 소비자와 기업이 실시간으로 관계를 맺을 수 있다. 예를 들어, 인스타그램에서 한 브랜드가 신제품 이미지를 올리면, 소비자는 즉시 댓글을 남기고, 브랜드는 답글을 달면서 소통한다. 이 과정은 소비자가 단순한 제품 구매자가 아니라, 브랜드와 함께 관계를 형성하는 팬으로 발전하게 만든다.

대표적인 사례로는 스타벅스의 SNS 운영을 들 수 있다. 스타벅스는 단순히 메뉴를 홍보하는 것이 아니라, 고객의 경험을 공유하는 콘텐츠를 중심으로 SNS를 운영해 왔다. 고객이 직접 올린 사진을 리그램(Regram)하거나 댓글을 통해 소통하면서, 단순한 커피 브랜드가 아닌 '일상 속의 문화'로 자리 잡게 된 것이다. 이는 SNS의 양방향 소통이 브랜드 충성도를 얼마나 높일 수 있는지를 잘 보여 준다.

인플루언서의 영향력

SNS 마케팅에서 빼놓을 수 없는 요소가 바로 인플루언서이다. 인플루언서는 단순한 홍보대사가 아니라, 소비자와 브랜드 사이의 신뢰를 연결하는 매개체 역할을 한다. 팔로워는 인플루언서를 단순한 광고주가 아닌, 자신과 가까운 일상 속 인물처럼 인식하기 때문에 그 영향력은 전통 광고보다 훨씬 강력하다.

예를 들어, 화장품 인플루언서가 신제품 리뷰 영상을 올리면, 수많은 팔로워가 해당 제품을 궁금해하고 실제 구매를 고려하게 된다. 실제로 한국의 색조화장품 전문 뷰티 브랜드 '클리오'는 유명 뷰티 인플루언서들과 협업하여 SNS를 통한 매출 증가 효과를 크게 본 바 있다. 소비자들은 인플루언서의 '진짜 후기'를 통해 제품을 신뢰하게 되었고, 브랜드는 자연스럽게 새로운 시장을 확보할 수 있었다.

콘텐츠 전략의 중요성

하지만 SNS 마케팅의 가장 큰 도전은 콘텐츠 전략을 세우는 일이다. SNS에서는 매일 수많은 콘텐츠가 쏟아지기 때문에, 브랜드가 제작한 콘텐츠가 눈에 띄지 않으면 금세 묻혀 버린다. 최근에는 생성형 AI를 통해 이미지, 영상, 글을 손쉽게 제작할 수 있지만, 이 경우 대부분의 콘텐츠가 비슷하게 보인다는 문제가 있다.

따라서 성공적인 SNS 마케팅은 단순히 재미있고 화려한 콘텐츠를 만드는 것이 아니라, 브랜드만의 정체성과 메시지를 일관되게 담는 데 달려 있다. 예를 들어, 나이키는 "Just Do It"이라는 메시지를 모든 SNS 콘텐츠의 중심에 두고 있다. 스포츠 경기 영상, 운동선수 인터뷰, 소비자의 러닝 챌린지 참여 등 다양한 콘텐츠 속에서 브랜드의 핵심 가치를 일관되게 전달하고 있는 것이다.

SNS 마케팅 전략은 일반적으로 다음과 같은 단계로 구성된다.

- 역할 설정: 전체 마케팅 전략에서 SNS가 어떤 역할을 할지 명확히 규정한다. 기존 광고가 고연령층을 타깃으로 한다면, SNS는 젊은 층 공략에 초점을 맞출 수 있다.
- 목표 설정: 단순한 매출 증대뿐 아니라, 브랜드 인지도 향상이나 신규 고객층 확보를 목표로 삼는다.
- 플랫폼 맞춤 전략: 틱톡, 유튜브, 인스타그램 등 각 플랫폼은 고유한 사용자층과 콘텐츠 소비 패턴을 가진다. 예를 들어 틱톡은 짧고 중독

성 있는 영상을, 유튜브는 심도 있는 리뷰 콘텐츠를, 인스타그램은 감각적인 이미지와 짧은 글을 중심으로 전략을 짤 수 있다.

- 협업과 확장: 브랜드 간 협업이나 인플루언서와의 협업을 통해 새로운 고객층에 노출될 기회를 극대화한다. 예를 들어, 음식 브랜드가 인기 유튜버와 함께 신제품 먹방 콘텐츠를 제작하는 방식이다. 협업은 단순한 홍보를 넘어 브랜드 신뢰와 영향력을 동시에 확대하는 효과가 있다.

결국 SNS 마케팅은 단순히 제품을 알리는 수단이 아니다. 이는 소비자와 브랜드 사이의 지속적 관계를 형성하고, 브랜드 정체성을 강화하며, 새로운 시장과 고객을 개척하는 현대 마케팅의 필수 도구이다. 오늘날 SNS를 적극적으로 활용하는 기업은 소비자와의 거리를 좁히며, 단순한 거래 관계를 넘어 감정적 유대감을 만들어 내는 데 성공하고 있다. 이러한 점에서 SNS 마케팅은 현대 기업이 반드시 이해하고 실행해야 할 전략적 접

소셜 미디어 마케팅

근이라 할 수 있다.

바이럴 마케팅: 소비자가 만드는 브랜드 이야기

입소문이 만드는 파급력

현대 마케팅의 세계에서 바이럴 마케팅(Viral Marketing)은 가장 흥미로운 전략 중 하나로 꼽힌다. 쉽게 말해, 소비자가 스스로 브랜드와 제품에 대해 이야기하게 만들어, 입소문을 통해 확산되는 마케팅 방식이다. '바이럴(Viral)'이라는 단어가 바이러스처럼 퍼져 나간다는 의미에서 비롯된 것처럼, 한 번 점화된 메시지는 네트워크를 타고 빠르게 전파된다. SNS, 블로그, 온라인 커뮤니티, 유튜브와 같은 디지털 채널을 통해 소비자들이 자발적으로 제품과 서비스의 경험을 공유하면, 기업은 별도의 광고 비용 없이도 브랜드 인지도를 넓힐 수 있다. 이는 곧 소비자가 브랜드의 가장 강력한 홍보 대사가 되는 순간이다.

신뢰와 비용 효율성의 강점

바이럴 마케팅의 가장 큰 장점은 신뢰성과 비용 효율성이다. 소비자가 직접 작성한 후기나 콘텐츠는 전통적인 광고보다 훨씬 신뢰도를 얻는다. 왜냐하면 사람들은 기업의 광고보다 '다른 소비자의 경험담'을 더 진실하게 받아들이기 때문이다.

예를 들어, 한 대학생이 유튜브에 "시험 기간 필수 간식"이라는 제목으로 특정 에너지 음료를 소개하는 영상을 올렸다고 하자. 그는 단순히 자신의 경험을 공유했을 뿐인데, 이 영상이 많은 학생들에게 공감을 얻어 확산되면, 기업은 별도의 광고비를 들이지 않고도 자연스럽게 홍보 효과를 얻게 된다. 이렇게 한 채널에서 시작된 콘텐츠는 텍스트, 이미지, 영상 등 다양한 형태로 다른 플랫폼으로 확산되며, 예상치 못한 잠재 고객에게 까지 도달할 수 있다.

그림자 효과: 부정적 확산의 위험

그러나 바이럴 마케팅은 언제나 성공을 보장하지 않는다. 무엇보다 결과를 예측하기 어렵다는 단점이 있다. 콘텐츠가 공감을 얻지 못하거나 소비자들의 기대와 어긋날 경우, 부정적인 반응이 빠르게 확산될 수 있다. 이는 브랜드 이미지에 치명적인 타격을 줄 수 있다.

대표적인 예로, 한 패스트푸드 브랜드가 SNS를 통해 진행한 이벤트에서 특정 집단을 희화화하는 듯한 표현을 사용한 적이 있다. 의도는 가벼운 농담이었지만, 소비자들은 불쾌함을 느꼈고, 관련 게시물이 빠르게 공유되면서 '불매 운동'으로까지 이어졌다. 바이럴의 힘이 긍정적으로 작용하면 엄청난 효과를 내지만, 부정적으로 작용할 경우 돌이킬 수 없는 손실로 이어질 수 있다는 사실을 잘 보여 주는 사례이다.

바이럴 마케팅은 소비자가 직접 브랜드의 이야기를 만들어 내고, 이를 다른 소비자에게 전파한다는 점에서 매우 매력적인 전략이다. 하지만 동시에, 그 힘은 기업의 의도 밖에서 움직일 수 있다는 양날의 검과 같다. 결국 성공적인 바이럴 마케팅은 '소비자가 자발적으로 공감하고 참여할 수 있는 이야기'를 만들어 내는 데 달려 있다. 오늘날 디지털 세상에서 진정성 있는 메시지와 공감할 수 있는 스토리는 가장 강력한 마케팅 도구이며, 바이럴 마케팅은 바로 그 무대에서 빛을 발하는 전략이라 할 수 있다.

바이럴 마케팅의 활용

성공적인 바이럴 마케팅 전략

바이럴 마케팅에서 가장 강력한 도구 중 하나는 단연 유튜브다. 한국 국민의 83%가 한 달 평균 30시간 이상 유튜브를 시청한다는 통계는, 단 한 편의 영상이 수십만에서 수백만 뷰를 기록할 수 있는 잠재력을 보여 준다. 이러한 잠재력 때문에 기업들은 유튜브를 활용해 인플루언서와 협업하고, 브랜드 스토리를 자연스럽게 녹여낸 바이럴 캠페인을 활발히 진행한다.

예를 들어, 한 뷰티 브랜드가 신제품 출시를 앞두고 유명 뷰티 크리에이터와 협업해 '솔직 리뷰 영상'을 제작한다고 하자. 영상은 단순한 광고가 아니라, 인플루언서의 진솔한 사용 후기와 메이크업 팁을 담고 있다. 소비자들은 광고보다 실제 사용자의 경험에 더 신뢰를 보내며, 영상은 알고리즘을 통해 관련 제품을 검색하거나 관심 있는 잠재고객에게 자동으로 추천된다. 이때 콘텐츠는 단순한 홍보를 넘어 소비자의 일상에 자연스럽게 스며들고, 빠른 확산을 통해 브랜드 인지도를 폭발적으로 끌어올린다.

또 다른 강력한 전략은 기브어웨이(Giveaway) 마케팅이다. 이는 상품이나 서비스를 홍보하기 위해 소비자가 다른 사람에게 추천하거나 콘텐츠를 공유하면, 무료 증정품이나 혜택을 제공하는 방식이다. 인간은 본능적으로 재미있거나 흥미로운 것을 주변에 알리고 싶어한다. 이 심리를 활용하면 소비자 스스로 콘텐츠를 확산시키는 '자발적 참여형 캠페인'이 만들어진다.

예를 들어, 한 패션 브랜드가 "이 게시물을 공유하고 친구를 태그하면 한정판 가방을 증정합니다"라는 이벤트를 연다고 하자. 소비자들은 무료 증정품의 매력 때문에 자연스럽게 게시물을 공유하고, 이는 팔로워 증가로 이어진다. 결국 브랜드는 별도의 광고 제작 비용을 크게 들이지 않고도, SNS를 통해 짧은 시간 안에 새로운 고객층을 확보할 수 있다.

브랜드와 소비자가 함께 만드는 이야기

바이럴 마케팅의 본질은 단순한 광고가 아니라, 소비자가 직접 만들어 내는 브랜드 이야기라는 점에 있다. 소비자가 자발적으로 참여해 콘텐츠를 만들고 공유할 때, 그 안에는 '강요되지 않은 진정성'이 담긴다. 기업의 역할은 이러한 참여를 유도할 수 있는 장치와 환경을 마련하는 것이다. 동시에, 부정적 반응이 발생할 가능성에도 대비해 위기관리 전략을 병행해야 한다.

성공적으로 설계된 바이럴 마케팅은 단순히 제품을 알리는 것을 넘어, 기업과 소비자 사이의 자연스러운 소통을 만들어 낸다. 나아가 브랜드 인지도를 빠르게 확장시키는 강력한 힘을 발휘한다. 결국 바이럴 마케팅은 소비자가 스스로 브랜드의 홍보자가 되도록 만드는 전략이며, 이는 오늘날 디지털 마케팅 환경에서 가장 비용 효율적이고 신뢰받는 접근 방식 중 하나라 할 수 있다.

기브어웨이 마케팅 전략

바이럴 마케팅 실제 사례를 알아보자.

허니버터칩: "없어서 못 먹는 과자"가 된 레전드 사례

허니버터칩은 출시 당시만 해도 조용히 등장한 스낵이었지만, 어느 순간 SNS에서 사람들이 "이거 먹어 봤어?"라며 인증샷을 올리기 시작했다. 유명 연예인들까지 가세하면서 제품은 일종의 'SNS 보물찾기'처럼 변했다. 편의점에서 발견하면 인증샷을 올리고, 못 구하면 줄을 서서 기다리는 상황까지 벌어졌다. 그 결과 허니버터칩은 광고 한 번 제대로 하지 않았지만, 자연스럽게 소비자들이 만든 열풍 덕분에 전국 품절 사태를 기록했다.

빙그레 바나나맛 우유: 소비자가 직접 완성한 '채워 바나나' 캠페인

빙그레는 기존 라벨의 '바나나맛 우유' 문구 가운데 글자를 비워 두고, 소비자가 직접 단어나 문장을 채울 수 있게 했다. 사람들은 각자 개성을 담아 라벨을 꾸미고 사진을 찍어 SNS에 공유했다. 누구나 쉽게 참여할 수 있다는 점이 흥미를 불러일으켰고, '나만의 문구'를 만들며 재미와 의미를 동시에 느낄 수 있었다. 캠페인은 단기간에 수천 개의 게시물을 만들어 냈고, 소비자가 자연스럽게 브랜드의 스토리를 함께 만들어 가는 흐름을 만들었다.

배달의 민족: "B급 감성"으로 마음을 훅 파고든 입소문 전략

배달의 민족은 기업 광고에서 보기 어려운 B급 감성, 유머, 그리고 과장된 문구를 적극적으로 사용했다. "우리가 어떤 민족입니까", "경희야, 넌 먹을 때가 제일 예뻐" 같은 카피는 단순한 광고를 넘어 하나의 밈(Meme)이 되었고, SNS 사용자들이 알아서 퍼 나르기 시작했다. 브랜드는 일방적인 광고 대신, 사용자와 대화를 이어가는 방식으로 정서적 친밀감을 쌓았다. 이후 '치믈리에(치킨+소믈리에) 시험', '떡볶이 마스터즈' 같은 독특한 참여형 이벤트까지 이어지며, 브랜드는 단순한 배달 앱이 아니라 재미있고 대화하고 싶은 존재로 자리 잡았다.

바이럴 마케팅은 단순한 광고가 아니라, 소비자가 자발적으로 만들어 내는 브랜드 이야기라는 점에서 특별하다. 기업은 이러한 자발적 참여를 유도하고, 콘텐츠가 확산될 수 있는 환경을 조성하며, 부정적 반응을 최소화하기 위한 전략을 병행해야 한다. 성공적으로 설계된 바이럴 마케팅은

기업과 소비자 사이의 자연스러운 소통과 연결을 만들어 내며, 브랜드의 인지도를 빠르게 확장하는 강력한 힘을 발휘한다.

검색 엔진 최적화(SEO) 마케팅: 검색을 통한 고객과의 연결

오늘날 사람들은 정보 탐색, 상품 구매, 서비스 이용 등 대부분의 활동을 온라인에서 수행한다. 이때 검색 엔진은 소비자가 원하는 정보를 찾아내는 디지털 게이트웨이(관문) 역할을 한다. 기업의 입장에서 검색 엔진은 고객과의 첫 접점이며, 웹사이트가 검색 결과 상위에 노출되면 브랜드 인지도와 신뢰도를 동시에 확보할 수 있다. 따라서 SEO(Search Engine Optimization, 검색 엔진 최적화)는 단순한 기술적 선택이 아닌, 기업 생존과 직결되는 필수 전략으로 자리 잡았다.

기술을 넘어 전략으로

SEO는 단순히 검색 순위를 올리는 작업이 아니다. 구글, Bing, 네이버와 같은 검색 엔진을 통해 잠재 고객에게 적절한 콘텐츠를 노출하는 핵심 마케팅 전략이다. 성공적인 SEO는 웹사이트 최적화뿐만 아니라, 고객의 검색 의도를 정확히 분석하고 그들이 원하는 답을 제공하는 고객 맞춤형 콘텐츠 전략과 결합해야 한다.

예를 들어, 고객이 "친환경 세제 추천"이라는 키워드를 검색한다면 단순한 제품 소개보다는 "환경 친화적인 세제 선택 가이드" 같은 콘텐츠가 검색 상위에 노출될 때 더 높은 클릭률과 전환율을 기대할 수 있다.

SEO의 장점은 명확하다. 검색 엔진을 통해 유입되는 고객은 이미 구매 의도를 어느 정도 가지고 있다. 이들은 광고에 노출된 사람이 아니라 스스로 검색을 통해 웹사이트를 찾은 사람들이다. 따라서 전환율이 상대적으로 높고, 광고비에 의존하지 않아도 꾸준한 효과를 기대할 수 있다. 검색 엔진 최적화 성공 사례를 알아보자.

사람인(Saramin): 구직자의 검색 패턴을 읽어낸 SEO

사람인은 구직자들이 어떤 방식으로 정보를 찾는지를 깊이 이해한 뒤, SEO를 핵심 전략으로 삼았다. 대부분의 구직자들은 "직무 + 연봉", "○○기업 채용", "인턴 모집"처럼 매우 실용적인 검색어로 정보를 찾는다. 사람인은 이 지점을 정확히 파고들었다.

각 채용 공고와 기업 페이지에는 검색엔진이 잘 읽을 수 있도록 제목과 설명을 꼼꼼하게 붙였고, 사람들이 실제로 검색하는 키워드를 기반으로 페이지 구조를 다시 설계했다. 페이지가 수없이 많은 플랫폼의 특성상, 사이트 속도나 내부 링크 구조 같은 기술적 요소도 함께 개선하면서 전체 사이트가 검색 엔진에 더 잘 노출되도록 만들었다.

팀스파르타 내일배움캠프: 궁금증을 풀어 주는 콘텐츠

기술 교육을 제공하는 팀스파르타의 내일배움캠프는, 광고에만 의존하는 방식에서 벗어나 자체 블로그를 중심으로 한 SEO 전략을 선택했다. 사람들이 신기술을 배우고 싶을 때 가장 먼저 하는 행동은 검색이다. "데이터 분석가 전망", "Node.js 백엔드", "유니티 엔진 장점"처럼, 교육을 고민하는 사람들이 실제로 궁금해하는 키워드들이 명확히 존재했다.

내일배움캠프는 바로 이 질문들을 해결해 주는 콘텐츠를 꾸준히 만들었다. 단순한 홍보 글이 아니라, 진짜로 도움이 되는 정보와 경험 기반의 글을 제공해 사용자의 신뢰를 얻었다. 여기에 제목 구조나 메타 태그, 내부 링크 같은 SEO 요소를 세심하게 챙기면서, 콘텐츠가 검색 상위에 노출될 수 있도록 기술적인 토대도 함께 다졌다.

SEO가 만드는 장기적 가치

SEO는 단순히 웹사이트 트래픽을 늘리는 도구가 아니다. 꾸준한 SEO 관리로 웹사이트의 도메인 권위(Domain Authority)가 높아지면, 시간이 지날수록 다른 키워드에서도 상위 노출 가능성이 커진다. 또한 검색을 통해 방문한 고객은 목적성이 뚜렷해, 단순 방문이 아니라 구매·가입·문의 등 실질적 성과로 이어질 가능성이 크다.

결국 SEO 마케팅은 검색 엔진을 통해 고객과의 접점을 강화하고, 고객이 원하는 콘텐츠를 적시에 제공함으로써 브랜드 가치를 높이는 전략이다. 오늘날 디지털 환경에서 SEO를 효과적으로 활용하는 기업은 경쟁사보다 유리한 위치를 차지하며, 이는 곧 매출 성장과 브랜드 경쟁력 강화로 이어진다. SEO는 단기 이벤트가 아니라, 기업의 장기적 성장 기반을 구축하는 지속 가능한 투자 전략이다.

인플루언서 마케팅: 개인의 영향력으로 브랜드를 알리다

마케팅에서 인플루언서는 단순한 유명인을 넘어, 특정 분야에서 높은 신뢰와 영향력을 가진 개인을 의미한다. 인플루언서 마케팅은 이들의 영향력을 활용해 제품이나 서비스를 자연스럽게 홍보하는 전략으로, 소비자에게는 친근하고 진정성 있는 메시지를 전달한다.

이 전략은 사회적·기술적 변화 속에서 등장했다. 모바일 퍼스트 시대의 확산, SNS 사용 증가, 동영상 중심 미디어의 부상, 간편한 콘텐츠 제작 환경, 그리고 MZ세대의 소비 패턴 변화가 주요 요인이다. 이러한 배경 속에서 인플루언서 마케팅은 게임, 뷰티, 여행, IT, 먹방, 엔터테인먼트 등 거의 모든 산업으로 확산되었다.

인플루언서 마케팅의 효과와 장점

가장 큰 장점은 브랜드 인지도와 신뢰도를 높이는 것이다. 팔로워와 긴밀한 관계를 유지하는 인플루언서를 통해 잠재 고객에게 자연스럽게 접근할 수 있으며, 제작된 콘텐츠는 다양한 채널에서 빠르게 확산된다. 특히 브랜드 가치와 일치하는 적합한 인플루언서를 선정했을 때 전환율과 참여율이 크게 향상된다.

사례로서 나이키(Nike)는 축구선수 크리스티아누 호날두와 협업해 글로벌 캠페인을 진행했으며, 이는 제품 홍보 이상의 신뢰와 브랜드 충성도를 강화하는 효과를 가져왔다.

인플루언서의 다양한 유형으로는 전통적인 소셜미디어 인플루언서 외에도 최근에는 가상 인플루언서가 등장했다. 컴퓨터로 생성된 이들은 현실과 가상을 넘나들며 새로운 방식의 마케팅 기회를 제공한다. 예컨대, 스타트업 기업인 미국의 가상 인플루언서인 '리루 미쿠엘라(Lil Miquela)'는 실제 사람과 같은 방식의 패션 브랜드 프라다(Prada), 캘빈클라인(Calvin Klein)과 협업하여 실제 인플루언서 못지않은 마케팅 효과를 거두었다.

실제 조사에 따르면 마케팅 담당자의 60%는 인플루언서 콘텐츠가 브랜드 자체 제작 콘텐츠보다 성과가 뛰어나다고 평가했다. 또한 70% 이상은 인플루언서를 통한 고객 확보의 품질이 다른 방식보다 우수하다고 동의했다. 이는 인플루언서 마케팅이 단순 노출이 아닌 실제 구매와 충성도를 이끌어내는 전략임을 보여 준다.

결국 인플루언서 마케팅의 성패는 단순히 유명인을 활용하는 데 있지 않다. 브랜드 가치와 메시지에 적합한 인플루언서를 찾고, 팔로워와의 신뢰를 기반으로 소비자와 연결해야 한다. 이를 통해 기업은 짧은 시간과 적은 비용으로도 높은 성과를 거둘 수 있다.

인플루언서 마케팅

모바일 마케팅: 손 안의 세상과 소비자를 연결하다

오늘날의 빠르게 변화하는 디지털 세계에서 모바일 마케팅은 기업이 목표 고객과 연결하는 데 있어 필수적인 도구로 자리 잡았다. 스마트폰과 태블릿의 보급은 사람들이 브랜드와 소통하는 방식을 바꾸었으며, 마케터들에게는 더 개인적이고 즉각적인 소통 기회를 제공한다.

모바일 마케팅의 대표적인 방법은 문자 메시지(SMS, MMS)를 활용하는 것이다. 기업은 프로모션, 이벤트 알림, 시간 제한 할인 쿠폰을 고객에게 바로 전달할 수 있다. 예를 들어, 패스트푸드 브랜드 맥도날드는 점심 시간대에 지역 고객에게 "30분 한정 할인 쿠폰"을 문자로 발송하여 매장 방문을 유도한 사례가 있다.

브랜드 전용 앱은 고객과 장기적으로 관계를 유지하는 핵심 도구가 된다. 앱을 통해 푸시 알림, 맞춤형 서비스, 전용 콘텐츠를 제공하면 사용자는 브랜드와 꾸준히 상호작용한다. 예를 들어, 스타벅스 앱은 모바일 결제, 리워드 적립, 매장 추천 기능을 제공해 소비자의 편리성과 충성도를 동시에 높였다.

위치 기반 서비스(LBS)를 활용하면 고객의 실제 위치에 따라 맞춤형 프로모션을 제공할 수 있다. 예컨대, 의류 브랜드 H&M은 매장 근처에 있는 고객에게 특별 할인 알림을 전송해 오프라인 구매로 자연스럽게 연결하는 전략을 펼쳤다.

모바일 최적화와 소비자 경험

모바일 마케팅의 성패는 소비자 경험에 달려 있다. 반응형 웹사이트를 구축하여 모바일 화면에서도 편리하게 콘텐츠를 제공하는 것은 필수적이다. 사용자는 불편 없는 환경에서 브랜드에 긍정적 인식을 가지게 되며, 이는 구매 행동에도 직접적으로 연결된다.

푸시 알림은 소비자가 필요로 하는 정보를 즉각적으로 제공하고 앱 재사용을 유도하는 효과적인 기능이다. 배달의 민족은 사용자 취향에 맞춘 '오늘의 할인 메뉴'를 푸시 알림으로 전달해 재주문율을 높이는 데 성공했다.

모바일 마케팅은 단순한 정보 전달을 넘어, 언제 어디서든 소비자에게 다가가는 개인화된 경험을 제공한다. 이는 브랜드와 고객의 관계를 강화하고, 기업의 장기적 성장을 이끄는 전략적 수단으로 자리 잡고 있다.

모바일 마케팅(Mobile Marketing)

코즈 마케팅: 사회적 가치와 기업의 이익을 연결하다

오늘날 소비자들은 단순히 물건을 사고 서비스를 이용하는 데서 멈추지 않는다. 이제는 "내가 선택한 브랜드가 사회에 어떤 기여를 하고 있는가?"를 함께 따져 본다. 과거에는 가격이나 품질이 중요한 기준이었다면, 이제는 기업이 사회와 환경에 얼마나 책임 있게 행동하는지가 소비자 선택의 중요한 기준이 된 것이다. 이러한 변화 속에서 등장한 전략이 바로 코즈 마케팅(Cause Marketing)이다.

코즈 마케팅의 개념은 기업이 단순히 이윤을 추구하는 것을 넘어, 사회적 문제 해결과 기업의 이익을 동시에 추구하는 전략이다. 예를 들어, 제품이 팔릴 때마다 일정 금액을 기부하거나, 특정 사회적 이슈와 브랜드 캠페인을 연결하는 방식이 대표적이다. 이 전략은 기업에는 브랜드 가치와 충성도를 높여 주고, 사회에는 필요한 자원을 제공한다. 즉, 기업과 사회가 서로 윈-윈할 수 있는 상부상조형 마케팅이라고 할 수 있다.

국내 기업들도 코즈 마케팅을 적극적으로 실천해 왔다.

- 유한킴벌리는 30년 이상 환경과 사회공헌 활동을 이어 오며, '깨끗하고 투명한 기업'이라는 이미지를 확고히 했다.
- 풀무원은 매출 일부를 토양 및 수질 보호 활동에 기부하여 '지구 사랑 기업'이라는 정체성을 소비자에게 각인시켰다.
- 아모레퍼시픽은 여성 암 환자를 대상으로 한 'Make Up Your Life' 캠페인을 통해 단순히 화장품을 파는 기업을 넘어, 여성들의 삶에 직접적인 희망을 주는 역할을 실천하고 있다.

이처럼 코즈 마케팅은 단순한 이벤트가 아니라, 기업의 철학과 이미지를 소비자에게 강하게 각인시키는 효과를 낳는다. 글로벌 브랜드의 도전으로 해외에서는 더욱 대규모의 코즈 마케팅이 진행되고 있다.

- 미국의 도버(Dover): 'Keep The Grey' 캠페인을 통해 직장 내 연령 차별에 반대하고, 흰머리를 가진 여성 근로자들을 지지하는 메시지를 전달했다. 이는 사회적 편견에 맞서는 기업의 가치를 보여 주며, 동시에 긍정적인 브랜드 이미지를 확산시켰다.
- 코카콜라의 Arctic Home 캠페인: 코카콜라는 북극곰 보전을 위해 한

정판 흰색 캔을 출시하고, 소비자가 캔에 새겨진 코드를 입력할 때마다 1달러가 기부되는 방식을 도입했다. 단 5개월 만에 22억 원의 기부금이 모였고, 이 과정에서 소비자들은 단순히 음료를 구매하는 것이 아니라 '환경 보호에 동참한다'는 의미를 느낄 수 있었다.

이 사례는 코즈 마케팅이 단순히 브랜드를 알리는 데서 그치지 않고, 소비자를 캠페인의 주체로 참여시키며 사회적 가치를 극대화할 수 있다는 점을 잘 보여 준다.

결국 코즈 마케팅은 단순한 홍보나 기부 활동이 아니다. 이는 기업의 전략과 사회적 책임이 결합된 현대 마케팅의 중요한 축이다. 기업은 이 과정을 통해 장기적인 신뢰와 충성도를 얻고, 사회는 필요한 자원을 확보한다. 앞으로 ESG(환경·사회·지배구조) 경영이 더욱 확산되면서, 코즈 마케팅은 다양한 영역에서 그 영향력을 확대해 나갈 것이다.

제4장

브랜드와 소비자 행동의 촉매 효과

브랜드란 무엇인가?

브랜드의 개념과 정의

브랜드(Brand)는 단순히 제품이나 기업을 구분하기 위한 이름이나 로고를 넘어, 소비자에게 기업의 가치와 정체성을 전달하는 종합적인 상징 체계이다. 즉, 브랜드는 기업의 얼굴이자, 고객이 제품이나 서비스를 인식하고 신뢰하게 만드는 핵심 요소라고 할 수 있다.

브랜드는 이름, 로고, 색상, 슬로건, 음성 등 다양한 시각적·청각적 요소를 통해 표현된다. 자동차, 완구, 식음료 산업 등에서 수십 년, 혹은 100년 이상 사랑받아 온 브랜드들은 이러한 요소들을 일관성 있게 유지해 왔다. 예를 들어, 코카콜라는 130년이 넘는 시간 동안 동일한 붉은색 로고와 곡선형 서체를 유지하며, 단순히 음료를 넘어 '행복과 즐거움'을 상징하는 브랜드로 자리 잡았다.

브랜드의 유형

브랜드는 목적과 적용 대상에 따라 다양한 형태로 구분된다.

- 기업 브랜드(Corporate Brand): 기업 전체를 대표하는 브랜드로, 삼성(Samsung), 현대자동차(Hyundai Motor), 애플(Apple) 등이 이에 해당한다.
- 제품 브랜드(Product Brand): 개별 제품이나 서비스에 부여되는 브랜드로, 예를 들어 P&G의 '타이드(Tide)' 세제, 나이키의 '에어맥스(Air Max)' 시리즈 등이 있다.
- 개인 브랜드(Personal Brand): 유명인, 전문가, 크리에이터 등 개인이 자신만의 이미지와 신뢰를 구축하는 브랜드 형태로, 일론 머스크(Elon Musk)나 방탄소년단(BTS)과 같은 사례가 있다.

브랜드의 특성과 감정적 연결

사람이 고유한 이름과 성격을 가지고 있듯이, 브랜드 역시 고유한 개성과 정체성을 가진다. 이러한 특성은 소비자가 브랜드를 인식하고 관계를 형성하는 데 핵심적인 역할을 한다.

예를 들어, 애플(Apple)은 '혁신적이고 세련된 브랜드', 디즈니(Disney)는 '꿈과 감동의 브랜드', 나이키(Nike)는 '도전과 성취의 상징'으로 소비자에게 각인되어 있다.

이처럼 브랜드의 개성은 단순히 시각적 요소뿐 아니라 소비자가 느끼는 감정적 경험까지 포함하며, '진정성', '혁신성', '신뢰성', '투명성' 등으로 표현될 수 있다.

브랜드의 촉매 역할

강력한 브랜드는 기업의 성장과 발전을 촉진하는 촉매제 역할을 한다.

브랜드가 소비자와 강력한 정서적 연결을 형성하면, 단순한 거래 관계를 넘어 지속적인 신뢰 관계로 발전할 수 있다.

예를 들어, 스타벅스는 단순히 커피를 파는 브랜드가 아니라 '나만의 휴식 공간'이라는 감정적 가치를 제공함으로써 충성 고객을 확보했다. 이런 정서적 기반의 관계는 일회성 구매자를 평생 고객으로 전환시키고, 나아가 브랜드의 전도사로 발전시킨다.

결국 브랜드의 힘은 로고나 광고보다 더 깊은 곳에 있다. 그것은 소비자의 마음속에 형성된 '신뢰와 공감의 경험'이며, 이 경험이야말로 기업의 장기적 성공을 가능하게 하는 진정한 브랜드 자산이다.

브랜드란 무엇인가?

소비자 행동의 이해

사람들이 제품을 구매할 때 선택하는 기준은 매우 다양하다. 품질과 가격, 상품의 브랜드가 중요한 경우도 있지만, 친환경 제품만을 고집하거나 공정무역이라는 가치에 매력을 느끼는 경우도 있다. 이렇듯 소비자가 어떤 가치를 추구하고, 어떤 기준으로 제품을 평가하며, 기업의 메시지를 어떻게 받아들이는지를 이해하는 일은 기업에게 매우 중요하다.

마케팅의 핵심은 소비자의 욕구를 파악하고 이를 만족시켜 매출을 높이는 것이다. 따라서 소비자의 생각과 행동을 세밀하게 분석해야 한다. 즉, 단순히 연구소에서 제품을 만들고 영업부서에서 판매하는 방식이 아니라, 소비자의 필요를 연구개발 단계에서부터 반영하여 제품을 설계하고 판매하는 것이 현대 마케팅의 핵심이다.

소비자 행동의 중요성

소비자 행동은 모든 비즈니스의 근본적인 요소로, 제품의 설계, 홍보, 마케팅, 판매 전략 전반에 영향을 미친다. 오늘날처럼 다양한 문화와 시장이 공존하는 글로벌 시대에는 소비자 행동에 대한 깊은 이해가 기업 경쟁력의 핵심이 되고 있다.

소비자 행동 연구는 개인, 집단, 조직이 자신의 필요를 충족시키기 위해 제품과 서비스를 선택, 구매, 사용하는 과정을 분석하는 것이다. 이 과정에는 심리적, 사회적, 문화적 요인들이 복합적으로 작용하며, 기업은 이를 이해함으로써 시장에 보다 효과적으로 대응할 수 있다.

예를 들어, 글로벌 스포츠 브랜드 나이키(Nike)는 국가별로 소비자들의 문화적 특성을 반영해 광고 전략을 다르게 한다. 미국에서는 개인의 도전 정신을 강조하는 반면, 한국에서는 '함께 뛰는 팀워크'와 '끈기'를 강조한다. 이처럼 소비자 행동에 대한 이해는 브랜드 메시지의 설득력을 높이고, 국가별 시장에서의 성공 가능성을 크게 향상시킨다.

소비자 행동에 영향을 미치는 요인들과 기업이 고려해야 할 소비자 행동의 주요 요인을 알아보자.

- 문화적 요인: 문화는 소비자의 사고방식과 행동을 형성하는 핵심 요인이다. 예를 들어, 일부 문화권에서는 '가격 흥정'이 자연스러운 구매 과정이지만, 다른 문화에서는 무례한 행위로 여겨질 수 있다. 따라서 기업이 성공하려면 각 시장의 문화적 규범을 이해하고 이에 맞는 마케팅 전략을 세워야 한다.
- 심리적 요인: 개인의 동기, 인식, 학습 경험이 구매 행동에 영향을 준다. 예를 들어, 어떤 소비자는 '지위나 명성'을 보여 주기 위해 고급 자동차를 선택한다. 이처럼 심리적 요인은 브랜드 선택의 방향을 결정하는 강력한 요인이다.

- 사회적 요인: 가족, 친구, 직장 동료, 사회적 지위 등 사회적 관계도 구매 결정에 큰 영향을 준다. 예를 들어, 젊은 세대는 '또래 집단'의 영향으로 특정 의류 브랜드를 구매하거나, 인기 인플루언서가 추천한 제품을 선호하기도 한다.
- 개인적 요인: 연령, 성별, 소득 수준, 직업, 성격 등의 개인적 특성도 구매 패턴에 영향을 준다. 예를 들어, 20대는 트렌디하고 감각적인 제품을 선호하는 반면, 50대 이상은 실용성과 내구성을 중요하게 여긴다.

소비자 행동 이해의 실질적 효과

이처럼 브랜드 형성에 영향을 미치는 요소를 정확히 이해하면, 기업은 대상 고객의 공감을 얻을 수 있는 마케팅 전략을 세울 수 있다. 예를 들어, 어떤 시장에서는 유명인의 추천이 구매 결정에 큰 영향을 미칠 수 있다. 한국에서는 BTS가 착용한 제품이 폭발적으로 판매되는 현상이 대표적인 사례다. 이는 소비자가 자신이 속한 사회 집단에서 긍정적인 이미지를 형성하고자 하는 심리를 잘 활용한 것이다.

결국, 소비자 행동을 깊이 이해하는 기업은 고객의 요구를 충족시키는 동시에 글로벌 시장에서의 경쟁력을 높일 수 있다. 소비자 행동은 단순히 구매를 예측하는 도구가 아니라, 브랜드의 지속적인 성장과 고객 충성도 형성의 핵심 요인이라 할 수 있다.

소비자 행동과 영향 요인

비즈니스 성장의 촉매제로서의
글로컬라이제이션

Glocalization은 오늘날 비즈니스 세계에서 가장 중요한 현상 중 하나이다. 이는 글로벌 제품과 서비스를 현지 시장의 문화, 언어, 관습, 선호도에 맞게 조정하는 과정을 의미한다. 즉, "Global(세계적)"과 "Local(지역적)"의 결합어로, 기업이 전 세계적으로 운영되면서도 현지의 정체성과 특색을 존중하는 전략이다.

이러한 접근 방식은 기업이 브랜드 아이덴티티와 핵심 가치를 유지하면서도 각 지역의 고객에게 친숙하게 다가갈 수 있도록 돕는다. 세계가 점점 더 상호 연결되고, 기업들이 새로운 시장에 진출하려는 지금, Glocalization은 지속 가능한 성장의 촉매제로서 중요성이 커지고 있다.

문화적 관련성: 현지 시장과의 공감 형성

Glocalization의 첫 번째 강점은 문화적 관련성이다. 기업은 제품과 서비스를 현지 문화에 맞게 조정함으로써 소비자의 신뢰와 공감을 얻을 수 있다. 예를 들어, 맥도날드는 인도의 힌두교 문화와 종교적 신념을 고려하여 소고기 대신 채식주의 메뉴를 도입했다. 이는 단순한 메뉴 변경이 아니라, 현지 문화에 대한 존중의 표현으로 인도 소비자들에게 긍정적인 인상을 주었다.

그 결과, 맥도날드는 인도 시장에서 빠르게 점유율을 확대하며 성공적으로 정착할 수 있었다. 이처럼 문화적 적응은 단순히 제품을 파는 전략이 아니라, 소비자 마음속에서 브랜드의 신뢰를 쌓는 과정이라 할 수 있다.

브랜드 일관성과 고객 참여 강화

Glocalization의 또 다른 장점은 글로벌 브랜드의 일관성을 유지하면서도 현지 고객과의 관계를 강화할 수 있다는 것이다. 예를 들어, 코카콜라의 "Share a Coke" 캠페인은 호주에서 시작되어 전 세계 70여 개국으로 확산되었다. 이 캠페인은 코카콜라 병에 사람의 이름을 인쇄하여, 소비자가 친구나 가족과 함께 나누는 감정적 경험을 제공했다. 이로써 코카콜라는 글로벌 브랜드의 정체성을 유지하면서도 각국의 소비자에게 친밀하고 개인적인 경험을 선사했다.

또 다른 사례로, 나이키(Nike)의 러시아 캠페인 "Choose Your Winter"가 있다. 이 캠페인은 러시아의 추운 겨울에 러시아 운동선수들을 등장시켜, 사람들에게 겨울을 이겨 내고 활동적으로 지내자는 메시지를 전달했다. 그 결과, 나이키는 현지 시장에서 깊은 공감을 얻으며, 브랜드 충성도를 크게 높이는 데 성공했다.

경쟁 우위 확보: 현지 맞춤 전략의 힘

Glocalization은 기업이 현지 시장에 적응함으로써 경쟁사와 차별화할 수 있는 강력한 전략이기도 하다. 패스트푸드 체인 KFC는 중국 시장에서 이를 잘 보여 주는 대표적 사례이다. KFC는 중국인의 입맛에 맞춰 죽, 두유, 에그타르트 등 현지식 메뉴를 도입했다. 이러한 맞춤 전략은 중국 소비자들에게 친숙함을 제공했고, 결과적으로 KFC는 맥도날드보다 빠르게 시장 점유율을 확대할 수 있었다.

이처럼 Glocalization은 단순한 제품 현지화(Localization)가 아니라, 기업이 현지 고객의 감성과 문화를 이해하고, 그에 맞는 경험을 제공함으로써 경쟁우위를 확보하는 전략적 접근이다. 결국 Glocalization은 오늘날의 상호 연결된 세계에서 기업이 성장하고 성공하기 위한 핵심 전략이라 할 수 있다.

기업은 글로벌 브랜드의 정체성과 일관성을 유지하면서, 현지 시장의 문화와 소비자 요구를 충족시켜야 한다. 이러한 접근은 단기적 성과뿐 아니라, 장기적인 고객 관계 구축과 브랜드 충성도 강화에도 큰 도움이 된다. 즉, Glocalization은 기업이 '세계적이면서도 지역적인' 브랜드로 발전

촉매제로서의 글로컬라이제이션

할 수 있는 길을 제시한다.

현지 시장에 맞춘 글로벌 전략의 촉매제 사례

Glocalization은 글로벌 제품이나 서비스를 현지 시장의 특정 요구와 선호도에 맞게 조정하는 과정이다. 세계화 시대에 기업들은 브랜드 아이덴티티와 핵심 가치를 유지하면서도 새로운 시장으로의 확장과 현지 적응을 동시에 달성하기 위해 Glocalization 전략을 적극적으로 활용하고 있다. 이는 단순한 제품 현지화를 넘어, 문화적 이해와 소비자 감성을 반영한 전략적 접근 방식으로, 글로벌 시장에서의 성공 가능성을 높이는 핵심 요인이 된다. 촉매제로 활용된 몇 가지 사례를 살펴보자.

맥도날드: 현지 입맛을 반영한 글로벌 성공 모델

맥도날드는 Glocalization을 가장 성공적으로 구현한 대표적인 사례이다. 패스트푸드 체인임에도 불구하고, 각국의 문화와 식습관을 존중하며 현지 소비자에게 맞춘 메뉴 전략을 지속적으로 발전시켜 왔다. 예를 들어, 인도에서는 종교적 이유로 많은 소비자가 채식주의를 선호하기 때문에, 맥도날드는 감자 패티를 사용한 맥알루 티키(McAloo Tikki) 버거를 포함한 다양한 채식 메뉴를 제공하고 있다.

또한 일본에서는 현지인의 입맛에 맞게 데리야끼 소스와 쌀빵으로 만든 데리야끼 버거를 출시하여 큰 인기를 끌었다. 이처럼 맥도날드는 각국의 문화와 식문화를 반영하여 글로벌 브랜드의 일관성을 유지하면서도 현지 시장에서 친밀감을 형성하는 데 성공하였다.

코카콜라: 지역별 맞춤형 맛으로 확장한 글로벌 브랜드

코카콜라는 전 세계 어디서나 볼 수 있는 글로벌 음료 브랜드이지만, 각 지역의 입맛과 선호도를 고려한 제품 다양화를 통해 Glocalization을 실현해 왔다. 예를 들어, 중동 지역에서는 이 지역에서 선호되는 다양한 과일 맛 음료를 출시하였으며, 중국 시장에서는 녹차 문화를 반영한 그린티 스프라이트(Green Tea Sprite)를 선보였다. 이러한 전략은 코카콜라가 글로벌 브랜드로서의 일관성을 유지하면서도, 현지 소비자에게 새로운 경험과 친숙함을 제공하는 중요한 계기가 되었다.

네슬레: 현지 재료를 활용한 제품 혁신

식품 기업 네슬레(Nestlé)는 현지 재료와 전통을 제품에 접목함으로써 Glocalization을 한 단계 더 발전시킨 사례이다. 멕시코에서는 히비스커스(Hibiscus)와 타마린드(Tamarind) 등 현지의 전통 재료를 활용한 음료와 간식을 출시하였고, 인도에서는 카다몬(Cardamom), 사프란(Saffron) 등 향신료를 이용한 제품을 선보였다. 이처럼 네슬레는 단순한 현지 시장 진출을 넘어, 현지의 문화적 감성과 미각을 존중하는 방식으로 브랜드 가치를 확장하고 있다.

KFC와 스타벅스: 문화 감성을 반영한 맞춤형 경험

KFC는 중국 시장에 진출하면서 현지 소비자의 식습관을 반영한 메뉴로 큰 성공을 거두었다. 중국에서는 매콤한 치킨 패티와 참깨 번으로 만든 드래곤 트위스터 버거(Dragon Twist Burger)를 비롯해, 죽, 두유, 에그타르트 등 다양한 현지식 메뉴를 제공하였다.

일본에서는 KFC가 크리스마스 치킨 세트와 크리스마스 케이크 등 지역 문화에 특화된 제품을 출시해, KFC를 단순한 패스트푸드가 아닌 '연말의 전통적 브랜드'로 인식시키는 데 성공했다.

한편, 스타벅스는 각국의 식문화를 음료에 반영한 대표적 Glocalization 브랜드이다. 중국에서는 팥, 녹차 등 현지 재료를 활용한 음료를 제공하며, 일본에서는 사쿠라 블라썸(Cherry Blossom) 크림 프라푸치노(Frappuccino)처럼 지역 감성을 담은 시즌 한정 메뉴를 선보였다. 이러한 전략은 스타벅스가 '글로벌 감성과 지역 감성이 공존하는 브랜드'로 자리매김하는 데 결정적 역할을 했다.

현지화된 경험이 만드는 글로벌 경쟁력

이상의 사례들은 Glocalization이 단순한 현지 맞춤형 전략이 아니라, 기업의 글로벌 경쟁력을 강화하고 현지 소비자와의 정서적 유대감을 형성하는 핵심 촉매제임을 보여 준다. 현지의 문화, 맛, 재료, 선호도를 통합함으로써 기업은 더욱 매력적이고 차별화된 제품을 만들 수 있으며, 이는 새로운 시장에서의 지속 가능한 성장 가능성을 높이는 핵심 전략이 된다.

브랜드 강화를 위한 촉매제 서포터즈

브랜드 형성과 강화를 위한 전략으로서 고객과의 상호작용을 가능하게 하는 촉매제인 서포터즈를 활용해야 한다. 단순히 제품을 홍보하는 역할을 넘어, 서포터즈는 브랜드 커뮤니티를 팬덤(fandom)으로 진화시키는 중요한 통로가 된다. 엔터테인먼트 업계와 스포츠 분야에서 나타난 팬덤 현상이 이제는 기업 경영 영역으로 확장되고 있다. 이들은 단순한 추종자가 아니라 제품과 정책을 공감하고, 더 나아가 새로운 아이디어를 제안하며 브랜드를 알리는 역할을 한다.

현재 국내 기업들은 서포터즈, 기자단, 체험단, 모니터링단, 대학생 패널 등 다양한 이름으로 운영하고 있다. 이러한 프로그램들은 소비자 참여를 유도하고, 브랜드의 신뢰도와 긍정적 이미지를 높이는 촉매제가 되고 있다.

자발적 팬덤 형성을 위한 전략

효과적인 서포터즈 운영을 위해서는 단순한 일회성 조력자 역할을 넘어서야 한다. 브랜드는 참여자들이 자발적 팬으로 활동할 수 있는 기회를 제공해야 하며, 마니아층에 대한 배려와 지원으로 관계를 강화해야 한다.

즉, 서포터즈 모집은 단기적인 제품 홍보용 이벤트가 아니라 지속적인 관계 형성을 위한 징검다리가 되어야 한다. 서포터즈의 로열티는 브랜드 팬덤의 시작점이며, 이들이 기업의 정책과 제품 개발 과정에 직접 참여하는 콘텐츠 생산자가 될 수 있다.

국내 브랜드의 팬덤형 서포터즈 사례

국내에서는 삼성전자, 세븐일레븐, LG전자가 대표적인 예이다. 삼성전자는 매년 '갤럭시 대학생 서포터즈(갤대서)'를 운영하며, 스마트폰 제품을 사랑하는 고객을 대상으로 다양한 이벤트를 개최하고 있다. 참여자들은 제품을 직접 체험하고, 후기를 SNS를 통해 공유함으로써 자연스럽게 브랜드 홍보를 이어 가고 있다.

삼성전자 갤대서 발대식
(출처: https://www.samsungebiz.com/)

세븐일레븐은 대학생 서포터즈를 통해 신상품 리뷰, 숏폼 영상 제작, Z세대 트렌드 조사 등 다양한 활동을 진행한다. 이를 통해 구매 경험에서 비롯된 만족감과 친밀감을 확산시키며 브랜드 신뢰를 높이고 있다.

특히 LG전자의 'LG틔운 카페'는 서포터즈 공간이 팬덤으로 발전한 대표 사례이다. 이 커뮤니티는 LG전자의 'LG틔운 미니' 제품을 사랑하는 소비자들이 자발적으로 모인 공간으로, 현재 회원 수가 2만 명을 넘는다. 회원들은 식물을 키우는 경험과 팁을 공유하며 브랜드에 대한 애정을 표현하고 있다. LG전자는 이러한 팬덤을 확대하기 위해 'F.U.N(First, Unique, New) 고객경험' 전략을 추진하고 있으며, 다양한 온라인 커뮤니티를 통해 브랜드 충성도를 강화하고 있다.

해외 기업의 팬덤 중심 전략

해외에서는 코카콜라, 할리데이비슨(Harley-Davidson), 테슬라(Tesla), 레고 등이 팬덤을 통해 브랜드 가치를 강화해 왔다.

코카콜라는 세계 각지의 현지 문화를 반영한 캠페인을 진행하며, 소비자들의 감정적 연결을 강화하고 있다. 할리데이비슨은 오토바이 소유자들의 자부심을 중심으로 커뮤니티를 만들어, 고객이 곧 브랜드의 상징이 되게 했다.

레고의 경우 'AFOL(Adult Fans of Lego)'이라 불리는 성인 팬 커뮤니티를 통해 창작물과 아이디어를 공유하며, 전 세계적인 브랜드 팬덤을 형성했다.

애플, 촉매적 커뮤니티 전략의 모범 사례

애플은 23억 명이 넘는 사용자를 보유하며, 단순한 브랜드를 넘어 하나의 문화로 자리 잡았다. 그 중심에는 고객 참여를 유도하는 'Today at Apple' 프로그램이 있다. 이 프로그램은 전 세계 애플 스토어에서 제공되는 무료 워크숍으로, 사진, 음악, 코딩, 예술 등 다양한 주제를 다룬다. 누구나 참여할 수 있고, 실제 매장에서 실습 중심으로 운영되기 때문에 고객 경험이 매우 강렬하다.

한국의 Apple 잠실점에서는 석촌호수까지 산책하며 영상 촬영 세션을 진행하는 등 지역 특색을 반영한 Glocalization 전략을 적용하고 있다. 이렇게 실용적이면서도 창의적인 프로그램은 고객에게 실질적인 혜택을 제공하고, 동시에 커뮤니티를 성장시키는 촉매제가 된다.

애플은 창의력과 혁신을 브랜드의 핵심 가치로 삼고 있으며, 이를 커뮤니티 활동에 반영하여 고객들의 기술적 호기심과 감정적 유대감을 함께

Apple의 커뮤니티
(출처: https://insight-er.com/)

강화하고 있다. 온라인 포럼을 통한 고객 지원 역시 브랜드 충성도를 높이는 중요한 요소이다.

팬덤을 통한 브랜드의 지속 가능한 성장

서포터즈와 팬덤은 기업이 단순한 제품 중심에서 벗어나, 고객 중심으로 진화할 수 있게 하는 촉매제이다. 브랜드 커뮤니티는 고객의 참여와 공감 속에서 성장하며, 그 안에서 새로운 아이디어와 혁신이 탄생한다. 애플이 그러하듯이, 기업은 고객의 목소리를 듣고 그들과 함께 만들어가는 문화를 형성해야 한다. 이것이 바로 브랜드가 지속적으로 사랑받고, 세대 간에 전해질 수 있는 가장 강력한 성장 동력이기 때문이다.

연상 촉매제: 소비를 움직이는 봄바람의 힘

봄마다 다시 피어나는 '벚꽃엔딩 효과'

"봄바람 휘날리며~ 흩날리는 벚꽃잎이~ 울려 퍼질 이 거리를~ 둘이 걸어요." 매년 봄철이 되면 어김없이 들려오는 버스커버스커의 '벚꽃엔딩'은 이제 단순한 노래가 아니라 하나의 문화적 신호(Trigger)가 되었다.

구글 트렌드 분석에서도 매년 봄마다 '벚꽃엔딩'의 검색량이 급증하는데, 이는 단순한 음악적 관심을 넘어 관련 상품의 수요 증가를 반영한다. 벚꽃엔딩이 울려 퍼지면, 사람들은 자연스럽게 봄나들이, 벚꽃축제, 커플 데이트를 떠올리고, 이로 인해 외식, 음료, 여행 상품 등 다양한 소비가 촉발된다.

이처럼 특정 자극이 사람들의 기억과 감정을 자극하여 소비로 이어지는 현상, 바로 이것이 촉매제(Trigger) 효과이다.

자극이 만들어 내는 '자동 연상 효과'

사람들은 평소에는 특정 제품을 쉽게 떠올리지 않는다. 하지만 어떤 자극이 주어졌을 때, 그 자극과 관련된 이미지나 제품이 자동으로 떠오른다. 예를 들어, '춘천 가는 기차'를 타면 김현철의 노래가 생각나고, '여수 밤바다'를 바라보면 버스커버스커의 노래를 흥얼거리며, 초가을 바람이 불면 이문세의 '가을이 오면'이 떠오른다.

이처럼 음악, 계절, 냄새, 장면과 같은 자극은 기억 속 브랜드나 콘텐츠를 불러내는 강력한 힘을 가진다.

브랜드가 공짜로 광고되는 순간

소비자가 특정 상황에서 자연스럽게 브랜드를 떠올리게 만드는 것은 기업 입장에서 최고의 광고 효과이다. '컨테이저스(Contagious)'의 저자 조나 버거(Jonah Berger)는 이를 '연상 촉매제(Trigger)'라 정의했다.

그는 "파전을 보면 막걸리가, 치킨을 보면 맥주가, 11월 11일엔 빼빼로가 떠오르는 것처럼, 소비자가 외부 자극에 노출될 때 특정 제품을 자동으로 떠올리게 하는 것이 핵심"이라고 강조한다.

이를 위해서는 제품을 이야기할 때, 자동 연상을 유도할 매개체를 함께 언급해야 한다. 예를 들어 '삼립호빵은 찬바람', '짜파게티는 일요일', '에이스크래커는 밀크커피'와 같은 식이다. 이러한 표현을 광고 문구나 브랜드 슬로건에 담으면, 소비자는 매번 그 자극을 경험할 때마다 해당 제품을 떠올리게 된다. 결국 "찬바람이 불면 삼립호빵"이란 문장은 그 자체로 강력한 광고인 셈이다.

감각을 자극하는 연상 촉매제의 조건

하지만 아무 자극이나 촉매제가 되는 것은 아니다. 연상 촉매제는 반드시 감각적으로 인지 가능한 것이어야 한다. 예를 들어 '시린 마음을 달래 주는 따뜻한 호빵'이라는 표현은 감정적이지만, '시린 마음'은 눈으로 보거나 피부로 느낄 수 없다.

반면, '찬바람'은 피부로 느껴지는 촉각적 자극이기 때문에 강력한 Trigger가 된다. 즉, 촉매제는 시각, 청각, 촉각, 후각, 미각처럼 구체적인 감각을 자극할 수 있는 것이어야 한다.

또한, 이미 다른 브랜드가 선점한 촉매제는 피해야 한다. 예를 들어 '밀크커피'는 이미 '에이스크래커'와 강하게 연결되어 있으므로, 다른 제품이 이 이미지를 차용하면 효과가 떨어진다. 소비자의 인식은 쉽게 바뀌지 않기 때문이다.

연상 촉매제는 일상에서 자주 접할 수 있는 것이어야 효과적이다. '와인 친구 에이스크래커'라는 문구는 멋있지만, 와인을 자주 마시지 않는 소비자에겐 의미가 없다. 따라서 빈도 높은 자극일수록 더 강한 효과를 낸다.

'빼빼로'의 경우, 11월 11일 하루만 기억되는 촉매제보다는, '11시 11분'처럼 자주 등장하는 시각을 활용하면 더 효과적일 수 있다. 하지만 11시 11분과 빼빼로의 연관성은 약하므로, 실제 행동으로 이어지기 어렵다. 오히려 "11월 11일 사랑을 표현하는 날"이라는 스토리가 자연스럽게 설득력을 가진다.

그 결과, 롯데제과의 '빼빼로 데이' 전략은 엄청난 성공을 거두었다. 매년 11월 11일이면 사람들이 사랑과 우정을 나누기 위해 빼빼로를 선물하는 문화가 형성되었고, 그 덕분에 연간 매출 2,000억 원을 돌파하며 국내 대표 과자로 자리 잡았다.

보완재(Complementary Goods), 최고의 촉매제

연상 촉매제 중 가장 강력한 것은 보완재 관계에 있는 제품이다. 즉, 함께 소비할 때 효용이 커지는 제품들이다. 대표적인 예로는 영화와 팝콘, 치킨과 맥주, 삼겹살과 소주, 피자와 콜라 등이 있다. 이러한 조합은 이미 사람들의 생활 속에 깊이 자리 잡고 있어, 하나가 등장하면 자동으로 다른 하나가 떠오른다.

바로 이 "함께 떠오름의 법칙"이 연상 촉매제의 본질이다. 브랜드는 이 원리를 잘 활용할 때, 소비자의 마음속에 자연스럽게 각인되는 강력한 촉매 효과를 만들어 낼 수 있다.

사람들의 머릿속에는 수많은 브랜드가 존재하지만, 진짜로 소비자의 행동을 바꾸는 것은 감정적 자극과 감각적 기억이다. 봄바람이 불 때 벚꽃엔딩이 생각나듯, 브랜드도 자연스럽게 떠오르는 순간을 만들어야 한다. 그 순간이 바로, 광고보다 더 강력한 "공짜 마케팅"의 순간이다.

제5장

성공적인 촉매제 사례 분석

애플의 아이폰

아이폰 성공의 숨은 비밀, 앱스토어라는 촉매제

애플의 아이폰 열풍은 그야말로 혁신의 상징이다. 세상에 없던 디자인과 인터페이스로 스마트폰의 시대를 열었지만, 아이폰 성공의 진짜 열쇠는 따로 있다. 바로 앱스토어(App Store)라는 촉매제가 있었기 때문이다. 앱스토어는 단순히 프로그램을 파는 공간이 아니다. 스마트폰 사용자들이 언제, 어디서나 자신에게 필요한 기능을 손쉽게 내려받아 쓸 수 있게 해 주는 새로운 생태계의 문이자 아이폰을 빛나게 만든 조연이었다.

손안에서 펼쳐진 세상, 앱스토어의 힘

앱스토어가 등장하면서 세상은 달라졌다. 사람들은 손 안에서 게임을 즐기고, 실시간으로 항공권을 예매하고, 시내버스 도착 시간을 확인하고, 전 세계 뉴스를 읽을 수 있게 되었다. 이처럼 앱스토어는 아이폰을 단순한 전화기가 아니라 생활의 중심으로 바꾸어 놓은 촉매제였다. 단 하나의 서비스가 시장의 변화를 가속화시키고, 소비자들의 습관을 송두리째 바꾸었다는 점에서 매우 의미가 깊다. 이것이 바로 혁신적인 마케팅의 진정한 힘이다. 하나의 아이디어가 시장을 성장시키고, 기업 성장을 촉진하는 촉매 반응을 만들어 낸 것이다.

모두가 탐낸 마케팅의 성공 방정식

지금도 전 세계 언론은 애플의 창의적 비즈니스 모델을 연구하고, 앱스토어의 성공 비결을 분석하고 있다. 앱스토어가 거둔 성공적인 촉매 효과를 확인한 수많은 기업들이 유사한 플랫폼 비즈니스에 뛰어들었다. 하지만 현실은 녹록치 않다. 누구나 진입할 수 있을 것처럼 보이지만, 그 속엔 철저한 전략이 숨어 있다. 앱스토어는 단순한 수익원이 아니라, 아이폰의 가치를 높이는 '전략적 촉매제'였기 때문이다.

앱스토어는 돈벌이 수단이 아니다

사업적 관점에서 보면 앱스토어의 수익성은 그리 높지 않다. 앱스토어에서 판매되는 모바일 애플리케이션의 평균 가격은 약 2달러 수준이며, 이 중 약 25%는 무료이다. 지금까지 누적 다운로드가 약 20억 건이라 해도, 애플이 30%의 수수료를 가져간다고 계산하면 대략적인 수익 규모는 짐작할 수 있다. 결국 앱스토어는 막대한 이익을 가져오는 사업이 아니다. 하지만 바로 그 점이 중요하다. 앱스토어의 진짜 역할은 수익 창출이 아니라 아이폰의 성공을 촉진시키는 '촉매' 역할에 있다.

숫자 너머의 진실, '수익보다 더 큰 가치'

모건 스탠리(Morgan Stanley)의 리서치 결과에 따르면, 2025년 애플이 앱스토어로 벌어들인 순수익은 약 3,700억 원 정도로 추산된다. 그러나 아이폰 출시 이후 약 300만 대를 팔아 거둬들인 수익이 약 30조 원에 달한다는 점을 고려하면, 앱스토어의 직접적 수익은 미미하다. 하지만 아이폰이 '스마트폰 시장의 상징'이 된 것은 바로 앱스토어 덕분이다. 이처럼 진정한 촉매 상품은 자신이 주인공이 되지 않아도 시장 전체를 성장시키는 조용한 힘을 가지고 있다.

애플의 아이폰
(출처: https://www.apple.com/)

수익보다 중요한 역할, 앱스토어의 진짜 가치

앱스토어는 그 자체의 실적만 놓고 보면 대단한 수익을 내는 비즈니스는 아니다. 하지만 마케팅 관점에서 보면 이야기가 달라진다. 앱스토어는 애플의 제품 생태계를 완성시키는 촉매제 역할을 훌륭히 수행하고 있기 때문이다. 애플은 앱스토어를 독립적인 수익 창출의 수단으로 보지 않았다. 대신 아이폰과 아이팟 터치 같은 핵심 제품의 가치를 높이는 도구로 활용하였다. 즉, 앱스토어는 아이폰에 후광을 만들어 주는 조연이자, 아이폰의 매력을 한층 더 빛나게 하는 마케팅 장치이다.

후광 효과, 소비자의 인식을 바꾸는 힘

마케팅에서 말하는 후광 효과(Halo Effect)란, 소비자가 어떤 제품을 평가할 때 다른 요소가 그 인식에 영향을 주는 현상을 말한다. 예를 들어, 어떤 브랜드의 스마트폰이 훌륭하다고 느껴지면, 그 브랜드의 이어폰이나 노트북도 자연스럽게 좋게 평가하게 되는 것이다. 애플은 이 전략을 완벽히 활용했다. 앱스토어라는 혁신적인 플랫폼을 통해 사람들의 관심과 참여를 끌어내고, 그 긍정적인 인식을 아이폰과 아이팟으로 이어 가게 만들었다. 결과적으로 앱스토어는 직접적인 수익보다 훨씬 큰 브랜드 후광 효과를 창출한 마케팅 도구가 되었다.

다른 기업들이 놓치고 있는 핵심

많은 기업들이 애플의 성공을 보고 '우리도 앱스토어 같은 걸 만들어야 한다'고 생각했다. 하지만 이들이 간과한 것이 있다. 애플은 앱스토어를 돈벌이 수단으로 생각하지 않았다는 점이다. 앱스토어가 성공할 수 있었던 이유는, 그 뒤에 이미 아이폰이라는 강력한 제품 기반이 있었기 때문이다. 앱스토어는 아이폰이라는 중심축을 더욱 빛나게 하는 후광 장치였던 것이다. 따라서 단순히 앱스토어를 모방한다고 해서 동일한 성과를 얻을 수는 없다.

앱스토어의 수익은 '부수적 성과'일 뿐이다

물론 앱스토어를 통해 어느 정도의 수익은 얻을 수 있다. 그러나 그 규모는 기대만큼 크지 않다. 애플은 앱스토어를 '주력 수익원'으로 보지 않았고, 철저히 보조적 수익수단으로만 활용하였다. 이 접근법이 오히려 애플을 더 강하게 만들었다. 왜냐하면 단기적인 수익보다 장기적인 브랜드 생태계 구축에 집중했기 때문이다. 이것이 바로 촉매 전략의 본질이다.

진정한 성공의 조건, '연결의 힘'

앱스토어를 준비하는 기업들이 반드시 명심해야 할 점이 있다. 앱스토어는 수많은 사람이 자발적으로 참여하는 열린 시장이기 때문에 단기간에 규모의 경제를 이루기 어렵다. 따라서 앱스토어의 성공은 얼마나 기존 제품 및 서비스와 유기적으로 연결되어 있느냐에 달려 있다. 만약 앱스토어가 다른 서비스나 제품과 제대로 연계되지 않는다면, 소비자에게는 단순한 콘텐츠 창고에 불과하다. 애플이 성공할 수 있었던 이유는 앱스토어가 아이폰이라는 하드웨어와 완벽히 연결된 통합 경험을 제공했기 때문이다. 기업들은 앱스토어식 플랫폼을 도입하기에 앞서, 그것이 자사 제품과 어떤 방식으로 연결될 수 있는지를 신중히 고민해야 한다.

애플 서포터즈를 아이폰의 촉매 전도사로 활용

애플은 단순히 제품을 판매하는 회사가 아니다. 그들은 열정적이고 충성도 높은 고객을 브랜드의 또 다른 마케터로 활용하는 데 매우 능숙하다. 아이폰 사용자는 단순한 소비자가 아니라, 애플 서포터즈 역할을 자처한다. 그들은 애플다운 감각적인 디자인과 혁신적인 기능에 깊이 빠져들며, 새로운 모델이 출시될 때마다 스스로 홍보대사가 되어 주변 사람들에게 제품의 매력을 전파한다. 이러한 자발적인 구전 효과는 애플의 마케팅 비용을 줄이는 동시에, 브랜드에 대한 신뢰와 열정을 확산시키는 강력한 촉매제 역할을 한다.

정보의 목마름을 자극하는 전략

아이폰의 마케팅 전략 중 가장 인상적인 점은, 고객의 '정보 갈증'을 자극하는 방식이다. 애플은 제품을 공개하기 전에 최소한의 정보만을 흘린다. 그 결과, 사람들은 자연스럽게 인터넷에서 '아이폰'을 검색하기 시작하고, '애플 인사이더(Apple Insider)' 같은 전문 블로그를 방문해 새로운 정보를 찾아 헤맨다. 이 과정에서 소비자는 점점 더 깊이 몰입하게 되고, 기대감은 증폭된다. 애플은 이러한 기대감의 축적을 촉매제로 활용해 소비자의 관심을 지속적으로 끌어올린다. 이 전략의 묘미는, 소비자가 스스로 정보를 찾아보는 동안 이미 애플의 팬이 되어 버린다는 점이다. 결국, 출시일이 다가올수록 사람들은 다른 제품과의 비교 판단 능력을 잃고, "이번에도 아이폰을 사야겠다"는 확신에 가까운 감정에 도달하게 된다.

기대감을 극대화하는 타이밍의 마법

애플의 마케팅은 제품 출시 약 한 달 전부터 본격적으로 시작된다. 이 시점에 잠재 고객의 기대감이 최고조로 올라오도록 세밀하게 설계된 단계별 전략이 실행된다. 먼저 인터넷과 TV 광고를 통해 아이폰의 감각적인 사용자 인터페이스(UI)를 보여 주며 "이 제품은 다르다"는 메시지를 전달한다. 출시가 임박한 일주일 전에는『월스트리트저널』,『뉴욕타임즈』등 영향력 있는 언론의 유명 리뷰어들이 신제품 리뷰를 게재한다. 이때 소비자의 기대감은 절정에 달한다. 그리고 바로 그 타이밍에 맞춰 신제품이 출시된다. 애플은 이렇게 기대감이 최고조에 이르는 순간을 정확히 포착함으로써, 폭발적인 초기 판매량을 만들어 냈다. 이것이 바로 애플이 활용한 기대감 촉매 전략의 진수이다.

기대는 곧 리스크, 충성 고객의 신뢰를 지키다

하지만 애플은 한 가지 사실을 누구보다 잘 알고 있다. 기대감이 크면, 그만큼 실망도 커질 수 있다는 점이다. 따라서 애플은 충성도 높은 고객이 실망하지 않도록 제품의 완성도를 높이는 데 최선을 다한다. 고객 피드백을 철저히 분석하고, 그 결과를 다음 제품에 반영한다. 애플이 고객의 기대를 단 한 번도 크게 배신하지 않은 이유가 바로 여기에 있다. 그들은 고객의 신뢰를 제품의 품질과 디자인 혁신으로 지켜 낸다.

애플 문화, 그리고 자부심의 확산

아이폰은 단순한 전자기기가 아니다. 그것은 하나의 문화이자, 사용자에게 '자부심'을 주는 상징적 제품이다. 음악을 즐길 수 있는 뮤직 플레이어, 인터넷을 자유롭게 탐색할 수 있는 포켓사이즈 디바이스, 그리고 다른 아이폰 사용자와 연결되는 소셜 플랫폼의 기능까지 이 모든 요소가 결합되면서 아이폰은 고객에게 특별한 만족감을 선사했다. 그 결과, 고객들은 다시 애플을 이야기하고, 또 기다리고, 결국 다시 구매한다. 이러한 순환이 바로 애플 마케팅의 핵심이며, 정보에 대한 목마름을 촉발시킨 촉매제 전략의 완성이다.

아이폰의 시장 성장 과정과 미래를 위한 촉매제

2007년 6월, 애플은 세상을 놀라게 할 첫 번째 아이폰을 세상에 공개했다. 당시 가격은 499달러로 결코 저렴하지 않았지만, 사람들의 기대감은 하늘을 찔렀다. 그러나 막상 판매가 시작되자 초기 반응은 냉담했다. 투자자와 언론은 "혁신적인 제품이지만 대중성은 부족하다"는 평가를 내렸다. 이처럼 아이폰의 초기 시장 진입은 낙관적 전망과 달리 실망스러운 출발이었다. 그럼에도 스티브 잡스는 아이폰이 단순한 휴대폰이 아닌 '손 안의 컴퓨터'로서 새로운 시장을 창출할 것이라 확신했다. 그는 "혁신은 시장의 저항을 뚫고 나올 때 의미가 있다"라는 말을 남기며, 꾸준히 제품의 완성도를 높여 나갔다.

앱스토어의 탄생과 마케팅 촉매제

2008년, 애플은 앱스토어를 오픈하며 상황을 완전히 뒤집었다. 이는 스마트폰 역사상 가장 혁신적인 '시장 촉매제' 중 하나였다. 개발자 누구나 애플 생태계에 참여해 애플리케이션을 제작하고 수익을 얻을 수 있게 되면서, 아이폰은 단순한 제품이 아닌 플랫폼으로 진화했다. 이와 함께 애플 서포터즈라 불리는 열성 팬층이 강력한 마케팅 촉매 역할을 했다. 애플 팬들은 신제품 출시 정보를 스스로 찾아내고, 블로그·커뮤니티·SNS를 통해 적극적으로 공유했다. 이들은 '애플 인사이더' 같은 전문 블로그를 중심으로 새로운 아이폰의 기능을 예측하고 토론하면서, 자연스럽게 소비자들의 호기심과 기대감을 폭발적으로 높였다. 그 결과, 2009년 애플은 무려 140만 대의 아이폰 판매를 기록하며 시장의 판도를 완전히 뒤집었다. 아이폰은 단순한 기술 제품이 아닌, 소비자 경험의 혁명으로 자리 잡았다.

폭발적 성장과 글로벌 지배력 확대

아이폰의 성공은 단순한 제품 판매 이상의 의미를 지녔다. 스마트폰 시장의 중심이 노키아, 모토로라에서 애플 중심의 생태계로 재편되었다. 특히 아이폰은 사용자 경험(UX), 디자인, 감성적인 브랜드 이미지로 시장을 주도했다. 이후 애플은 매년 신제품을 발표하며 전 세계 소비자들의 기대감과 궁금증을 마케팅 촉매로 활용했다. 그 결과, 아이폰 출시 이후 애플의 시가총액은 1조 달러를 돌파했고, 현재까지 23억 대 이상의 누적 판매량, 15억 명 이상의 활성 사용자를 보유하고 있다. 아이폰은 이제 단순한 스마트폰이 아니라, 디지털 생태계의 중심축으로 자리 잡았다.

성장 둔화와 새로운 도전

하지만 시간이 흐르며 애플은 새로운 도전에 직면했다. 중국 시장에서의 판매 부진, 삼성전자와 화웨이의 기술 경쟁, 그리고 스마트폰 시장의 포화는 아이폰의 성장을 둔화시켰다. 2016년, 애플은 2003년 이후 처음으로 전년 대비 매출이 감소했다. 이는 "아이폰의 시대가 끝나는 것 아니냐"는 우려를 낳았지만, 애플은 위기를 또 다른 기회로 바꾸기 시작했다. 기존의 하드웨어 중심 전략에서 벗어나, 서비스(Apple Music, iCloud, Apple Pay 등)와 생태계 강화로 전환을 시도했다.

미래를 위한 새로운 촉매제: 인공지능과 혁신

2025년 하반기 출시 예정인 아이폰 17 시리즈는 이미 2024년부터 핵심 부품 기술 협의가 진행 중인 것으로 알려졌다. 전작 아이폰 16은 A18 칩을 탑재하며 역대 가장 빠른 속도와 AI 연산 능력을 보여줄 것으로 기대된다. 최근 애플은 또 한 번의 혁신 촉매제로 인공지능(AI)과 머신러닝 기술을 주목하고 있다. 단순히 성능을 높이는 것을 넘어, 사용자의 행동을 예측하고 개인화된 경험을 제공하는 AI 기반 스마트폰을 지향하고 있다. 이는 다시 한번 아이폰을 중심으로 한 새로운 성장 변곡점을 만들어 낼 가능성이 크다.

결국 애플의 성장 역사는 '촉매제 전략'의 역사라 할 수 있다. 시장 기대감을 조성하고, 정보의 갈증을 마케팅으로 전환하며, 기술 혁신을 통해 다시 소비자의 마음을 사로잡는 것이 애플의 경쟁력이고 여전히 세계 시장에서 독보적인 이유이다.

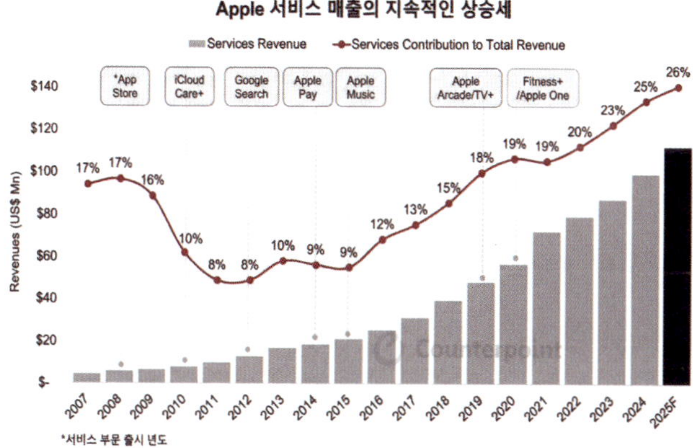

애플의 성장 추이 분석

(출처: Counterpoint Research)

넷플릭스의 파괴적 혁신 전략과 촉매제

2020년 이후 전 세계는 코로나19 팬데믹으로 인해 외출을 자제하고, 자가 격리 및 재택근무가 일상화되었다. 이로 인해 사람들은 집 안에서 영화를 보고, 드라마를 즐기는 등 비대면 엔터테인먼트 활동에 몰두하게 되었다. 이 시기 OTT(Over-The-Top) 산업은 폭발적인 성장을 기록했으며, 그중 넷플릭스(Netflix)는 시장의 대표 주자로 부상했다.

넷플릭스의 급성장은 단순한 우연이 아니었다. 그들은 변화하는 환경을 기회로 보고, 기존 사업 구조를 빠르게 혁신하여 구독형 비즈니스 모델을 구축했다. 이러한 변화가 바로 넷플릭스 성공의 촉매제로 작용했다.

DVD 대여에서 구독형 서비스로의 전환

넷플릭스는 1997년 캘리포니아에서 DVD 대여 서비스로 시작했다. 초기에는 오프라인 매장 기반의 블록버스터와 같은 경쟁사들과 비슷한 모델이었다. 하지만 창업자 리드 헤이스팅스(Reed Hastings)는 기존 비디오 가게의 불편함, 즉 연체료 문제를 발견하고 이를 해결할 방법을 고민했다.

그 결과, 넷플릭스는 연체료 없는 월정액 구독 서비스를 도입했다. 월

구독료를 내면 고객은 최대 4편의 영화를 무기한 대여할 수 있었고, 연체료 걱정 없이 마음껏 즐길 수 있었다. 이 단순하지만 혁신적인 모델은 소비자에게 큰 매력으로 다가왔고, 많은 고객이 블록버스터 대신 넷플릭스를 선택하기 시작했다.

이 서비스 모델은 단순히 편리함을 제공한 것이 아니라, 소비자의 '스트레스 요인(연체료)'을 제거함으로써 감정적 만족감을 제공했다. 이는 넷플릭스가 이후 '고객 경험 중심 기업'으로 성장하는 기반이 되었다.

시장을 뒤흔든 혁신: 우편 DVD 서비스

2000년대 초반, 아직 스트리밍 기술이 보편화되지 않았던 시절, 넷플릭스는 또 하나의 혁신적인 촉매제를 내놓았다. 바로 DVD 우편 배송 서비스이다. 회원은 보고 싶은 영화를 넷플릭스 홈페이지에서 선택하면 DVD가 집으로 배달되었고, 시청이 끝나면 봉투에 다시 담아 우체통에 넣기만 하면 되었다. 이 단순한 방식은 사람들에게 비디오 가게에 가지 않아도 되는 편리함을 제공했다. 그 결과, 넷플릭스는 빠르게 시장의 패러다임을 바꾸었다. 단순한 DVD 대여업체에서 온라인 기반의 고객 맞춤형 콘텐츠 유통 기업으로 진화한 것이다.

데이터 기반 개인화 전략: 진짜 촉매제

넷플릭스의 진정한 성공 비결은 단순한 서비스 편리성이 아니었다. 그 핵심은 데이터 기반의 개인화 추천 시스템이었다. 넷플릭스는 가입자의 시청 데이터를 빅데이터 도구(예: Flex file 등)를 통해 정교하게 분석했다. 이를 통해 시청 시간과 구독 유지율의 상관관계를 파악했다. 예를 들어,

한 달에 15시간 이상 시청한 고객의 구독 해지율은 75% 이하, 한 달에 5시간 미만 시청한 고객의 해지율은 95%에 달했다. 이 분석 결과를 바탕으로 넷플릭스는 엔딩 크레딧이 넘어갈 때 추천 영화 리스트 자동 제시 기능을 도입했다. 즉, 시청자가 다음 영화를 선택할 필요 없이 한 번 더 재생 버튼을 누르도록 유도하는 것이다.

이 시스템의 결과는 놀라웠다. 현재 전체 시청자의 약 75% 이상이 추천 시스템 기반 콘텐츠를 시청하고 있다. 넷플릭스는 이를 통해 구독 해지율을 낮추고, 사용자 만족도와 체류 시간을 동시에 늘렸다.

가치사슬(Value Chain)의 확장과 미래 성장

넷플릭스는 단순히 데이터를 소비자 분석에 사용하는 데 그치지 않았다. 고객 시청 데이터를 기반으로 "어떤 장르의 콘텐츠가 인기가 있는지", "어떤 배우와 연출이 시청률을 높이는지"를 분석했다. 이러한 데이터를 콘텐츠 제작 단계에 반영하여 〈하우스 오브 카드〉, 〈기묘한 이야기〉, 〈더 크라운〉 같은 자체 제작 콘텐츠(Netflix Originals)를 탄생시켰다.

이러한 촉매제 전략은 넷플릭스를 단순한 유통 플랫폼이 아니라 글로벌 콘텐츠 제작사이자 미디어 제국으로 성장시켰다. 결국 넷플릭스는 디즈니의 시가총액을 제치며, 세계 1위 엔터테인먼트 기업으로 올라섰다. 이 모든 성장의 중심에는 '데이터 분석 → 개인화 → 콘텐츠 제작'으로 이어지는 전략이 강력한 촉매제로 작용한다.

넷플릭스의 촉매제는 '고객 데이터'였다

넷플릭스의 성공은 단순한 운이 아니라 고객의 데이터를 읽어내는 능력에서 비롯되었다. 그들은 변화하는 시장 환경 속에서도 고객의 니즈를 정확히 파악하고, 데이터를 기반으로 서비스와 콘텐츠를 끊임없이 진화시켰다.

즉, 넷플릭스의 촉매제는 "기술"이 아니라 "고객"이었다. 소비자의 경험을 중심으로 한 구독형 모델, 데이터 기반 개인화 추천, 그리고 자체 콘텐츠 제작, 이 세 가지가 넷플릭스를 OTT 산업의 절대 강자로 만든 핵심 요인이다.

고객 데이터를 촉매제로 활용하는 주요 역할

Netflix의 오픈 마인드 전략과 촉매 역할

넷플릭스의 새로운 도전: 'Everywhere Initiative'의 시작

넷플릭스는 한때 단순히 영화와 드라마를 제공하는 온라인 스트리밍 기업에 불과했다. 하지만 이제는 어디에서나 선택과 결정이 가능한 서비스, 즉 Everywhere Initiative를 통해 글로벌 엔터테인먼트 산업의 판도를 바꾸고 있다.

이 전략의 핵심은 개방적 플랫폼에 있다. 넷플릭스는 자사 전용 기기를 제작하지 않았다. 대신 TV, 셋톱박스, 게임기 제조사들에게 API를 공개함으로써 누구나 넷플릭스 앱을 자사 기기에 탑재할 수 있도록 했다. 그 결과, 삼성 스마트TV, 플레이스테이션, 엑스박스, LG 셋톱박스 등 다양한 디바이스에서 넷플릭스를 자유롭게 이용할 수 있게 되었다. 이는 단순히 서비스 확장이 아니라, 콘텐츠 소비의 생태계를 완전히 바꾼 전략적 촉매제였다.

개방적 플랫폼 전략: 스크린이 많을수록 콘텐츠는 더 강력해진다

넷플릭스는 개방형 생태계를 통해 소비자가 언제, 어디서, 어떤 기기로든 콘텐츠를 볼 수 있도록 만들었다. 이 전략은 단순히 접근성을 높인 것이 아니라, 소비자의 시청 습관을 근본적으로 변화시켰다. 즉, '몰아보기 (Binge Watching)' 문화의 확산이다. 과거 TV 시청은 편성 시간표에 맞춰야 했지만, 넷플릭스는 소비자가 자신이 원하는 시간과 장소에서 연속적으로 시청할 수 있도록 환경을 조성했다.

이는 콘텐츠 소비 시간을 늘리는 선순환 구조를 만들었다. 스크린 수가 많을수록 넷플릭스에 머무는 시간이 늘어나고, 시청 시간이 많을수록 더 많은 콘텐츠를 소비하게 되며, 결국 구독 유지율이 상승하게 된다. 이처럼 넷플릭스의 개방형 전략은 단순한 기술 전략이 아니라, 소비자 경험을 극대화한 마케팅 촉매제로 작용하고 있다.

네트워크 효과: 구독자가 많을수록 가치가 커진다

넷플릭스의 또 다른 성장 촉매제는 바로 직접 네트워크 효과이다. 이는 사용자가 많아질수록 서비스의 가치가 높아지고, 그 가치 상승이 다시 신

규 사용자를 끌어들이는 선순환 구조를 의미한다. 넷플릭스는 방대한 가입자 데이터를 기반으로 개인별 맞춤 콘텐츠를 추천하고, 그 추천을 통해 사용자는 더 오랫동안 넷플릭스에 머무르게 된다.

결국 사용자가 늘어날수록 넷플릭스의 알고리즘이 더 정교해지고, 정교한 알고리즘은 다시 더 많은 사용자를 유입시키는 강력한 순환 구조를 완성하게 되었다. 이 네트워크 효과는 단순히 사용자 수의 증가가 아니라, 브랜드 신뢰와 플랫폼 의존도를 강화시키는 핵심 촉매제가 되었다.

콘텐츠 자급자족: 위기를 기회로 바꾸다

넷플릭스는 한때 외부 제작사들의 콘텐츠를 구매해 서비스하는 형태였다. 하지만 시간이 지날수록 대형 콘텐츠 제작사들이 저작권료를 인상하고, 라이선스 공급을 중단하기 시작했다. 특히 디즈니, HBO 등 주요 제작사가 독자 플랫폼(Disney+, HBO Max)을 출시하면서 넷플릭스는 콘텐츠 공급 불안정이라는 위기에 직면했다. 그러나 넷플릭스는 이 위기를 새로운 기회로 전환했다. 바로 자체 콘텐츠 제작(Netflix Originals)을 본격화한 것이다.

대표작인 하우스 오브 카드, 기묘한 이야기, 더 크라운 등은 넷플릭스가 단순 스트리밍 서비스를 넘어 콘텐츠 산업의 중심으로 도약하는 계기가 되었다. 넷플릭스는 콘텐츠 제작 시에도 데이터를 적극 활용했다. 시청자 데이터 분석을 통해 "어떤 장르와 배우, 어떤 전개가 고객에게 반응이 좋은지"를 찾아내고, 이를 실제 제작에 반영했다. 이러한 데이터 기반 콘텐츠 기획이 바로 넷플릭스의 핵심 경쟁력이 되었다.

플랫폼에서 제국으로: 넷플릭스의 미래 전략

오늘날 넷플릭스는 단순한 스트리밍 서비스가 아니다. 그들은 디지털 콘텐츠 산업의 주도권을 넘어 엔터테인먼트 및 디바이스 산업 전체로 영향력을 확장하고 있다. 스마트폰, TV, 게임기, 노트북 어떤 기기를 사용하든 넷플릭스를 선택할 수 있는 환경이 구축되었다. 이는 곧, 모든 곳에서 넷플릭스, 즉 Everywhere Initiative의 완성이다.

넷플릭스는 더 이상 단순한 '시청 플랫폼'이 아니라 데이터-콘텐츠-기술이 융합된 글로벌 미디어 제국이다. 이 개방형 생태계 전략은 넷플릭스가 지금도 끊임없이 성장할 수 있는 가장 강력한 촉매제 역할을 하고 있다.

넷플릭스의 촉매제는 '개방성과 데이터'이다

넷플릭스의 성공 비결은 단순히 좋은 콘텐츠에 있지 않다. 그들의 진정한 촉매제는 개방적인 플랫폼 생태계와 데이터 기반 의사결정 구조이다. 개방성은 소비자 접근성을 높이고, 데이터는 개인 맞춤 경험을 제공하며, 이 두 요소의 결합은 넷플릭스를 지속 가능한 혁신 기업으로 만들었다. 즉, 넷플릭스는 '콘텐츠 회사'가 아니라, 데이터를 통해 인간의 취향을 이해하고 예측하는 플랫폼 기업인 것이다.

촉매제로서의 글로벌 전략

넷플릭스는 서비스 체계의 글로벌 표준화 시스템을 구축함으로써 고객 확보를 위한 지속적이고 강력한 성장 기반을 마련하였다. 특히, 전 세계 이용자들이 동일한 품질과 사용자 경험을 누릴 수 있도록 서비스 구조를 표준화함으로써 브랜드 일관성과 신뢰도를 높였다.

넷플릭스는 규모의 경제를 달성하기 위해 맞춤형 글로벌 확장 전략을 꾸준히 추진하고 있다. 미국 시장의 포화로 성장의 한계를 인식한 넷플릭스는 2010년 캐나다 진출을 시작으로 2016년 중남미 지역으로까지 사업 영역을 확대하였다. 2017년 기준으로 넷플릭스가 진출한 국가는 190여 개국에 이르며, 이는 사실상 전 세계 대부분 지역에서 서비스가 가능한 수준으로 평가된다.

해외 시장 성장과 글로벌 플랫폼 전환

과거 넷플릭스의 매출 구성은 미국 52.8%, 해외 43.5%, DVD 사업 3.7% 로 이루어져 있었다. 그러나 2017년을 기점으로 해외 가입자 수가 미국 내 가입자 수를 처음으로 추월하며 글로벌 플랫폼으로의 전환점을 맞이 하였다. 특히 영어권 국가인 호주와 캐나다는 이미 VPN(가상 사설망)을 통해 넷플릭스 콘텐츠를 시청하던 이용자가 많아 상대적으로 진출이 용 이한 시장이었다.

비영어권 시장 공략과 다국어 콘텐츠 전략

영어권이 아닌 유럽과 아시아 시장의 경우 언어와 문화적 장벽을 극복 하기 위해 다국어 콘텐츠 제작 전략을 추진하였다. 스페인어, 독일어, 이 탈리아어, 프랑스어, 폴란드어, 터키어, 네덜란드어, 한국어 등 다양한 언 어의 콘텐츠를 직접 제작하여 지역 시청자와의 친밀도를 강화했다. 또한 유럽 지역의 핵심 거점으로 인터넷 인프라가 잘 갖추어진 독일과 프랑스 를 중심으로 시장 침투 전략을 전개하였다.

시청 형태나 콘텐츠 소비 성향이 유사한 시장에서는 맞춤형 로컬 콘텐츠 제작 및 현지 파트너십 전략을 병행하였다. 2016년에는 '한류(K-Content)'의 전 세계적 인기를 기반으로 아시아 시장 확대를 공식 선언하였고, 현지 콘텐츠 강화와 오리지널 시리즈 제작을 위한 공격적인 투자 전략을 펼치고 있다. 이와 같은 글로벌 현지화와 표준화의 병행 전략은 넷플릭스가 전 세계적인 미디어 플랫폼으로 자리 잡는 핵심 요인으로 평가된다.

글로벌 플랫폼이 강력한 촉매제

넷플릭스의 대표적 성공 드라마인 한국의 오징어 게임의 성공은 넷플릭스가 추구하는 현지화 전략을 잘 보여 주고 있다. 즉, 190개국에 엔터테인먼트 스트리밍 서비스를 제공하는 넷플릭스는 지역의 문화적 차이를 고려해 콘텐츠를 제작하고 있고, 바로 글로벌 플랫폼 서비스 전략이 촉매제로 작용한 덕분이다.

뉴욕타임즈는 한국 콘텐츠의 글로벌 홍행을 이끈 넷플릭스의 전략으로 '한국화'를 집중 조명했다. 오징어 게임 등 한국 콘텐츠가 세계적으로 선풍적인 인기를 끌 수 있었던 배경에는 글로벌 시청자가 아닌 한국 시청자와 한국적 정서에 집중한 현지화 전략이 있었다고 발표하였다. 넷플릭스의 이러한 현지화 전략과 원칙이 새로운 시도와 기회를 만드는 원동력이 되고 있다고 분석한다. 지역마다 다른 정서, 문화 등 다양성을 인정하는 넷플릭스의 협업 문화가 기존 시장 논리 아래에선 결코 도전이 쉽지 않았던 낯선 장르까지 콘텐츠 제작의 영역을 넓히는 동기가 되었다.

그 이후 넷플릭스의 오리지널 시리즈 오징어 게임이 한국을 넘어 글로벌 홍행을 이루면서, 더 많은 콘텐츠 창작자들이 넷플릭스를 주목하고 있다. 초기에는 차별화된 제작비가 창작자들이 넷플릭스를 선호한 이유였다면, 최근에는 마음껏 실력을 발휘할 수 있는 자율적인 제작 환경이 더 많은 국내 창작자들을 빨아들이고 있다. 이러한 현상이 촉매제의 파급효과이다.

넷플릭스의 수익 배분 방식

드라마가 성공하기 위해서는 다양한 요인이 작용하지만, 창작자들뿐만 아니라 제작사들에게도 넷플릭스에 콘텐츠를 얹으려는 이유는 따로 있다. 제작사에 보장 수익을 제공하는 넷플릭스 특유의 수익 배분 방식 때문이다. 다만 넷플릭스는 지식재산권(IP)을 가져가기 때문에 작품이 흥행하면 할수록, 향후 사업적 가치를 고려하면 넷플릭스만 좋은 일을 시켜주는 셈이기도 하지만 이것은 제작자와 윈-윈 전략이다.

넷플릭스는 단순한 콘텐츠 유통 플랫폼을 넘어 다양한 방식으로 드라마 제작과 투자에 참여하는 복합적인 시스템으로 운영하고 있다. 이 과정에서 넷플릭스는 초기 투자자, 독점제작, 유통 파트너쉽 등 다양한 비즈니스 모델을 활용하여 콘텐츠의 수익성과 독창성을 극대화하고 있기 때문이다.

넷플릭스의 오리지널 콘텐츠는 초기부터 자체 기획에 참여하여 제작 비용을 전액 부담하거나 주도적인 투자를 하는 방식으로 진행한다. 그리고 넷플릭스 오리지널은 다른 플랫폼에서 방영 권한을 제한함으로써 독점적인 가치를 극대화한다.

최근 세계적으로 온라인 동영상서비스(OTT) 시장은 경쟁이 심화하면서 제작비는 기하급수로 늘어나고 시장 성장세는 둔화되고 있다. 글로벌

OTT들은 다양한 방식으로 대응해 가고 있는데, 넷플릭스는 저렴한 광고 요금제를 선보이면서 계정 공유 단속 등으로 숨겨진 가입자를 더 확보하고자 노력하고 있다. 이러한 전략을 통해 제작자에게도 수익을 보장시키고 있다.

신기술의 촉매제 사례

증강현실(AR)은 단순히 "보여 주는 기술"을 넘어, 소비자 경험을 변화시키는 촉매제와 같은 존재이다. 촉매제가 화학 반응의 속도를 빠르게 하듯, AR은 소비자가 제품을 이해하고 구매를 결정하는 과정을 단숨에 앞당긴다.

예전에는 제품을 사기 전에 직접 만져보고, 착용해보고, 집에 들였을 때 어떤 모습일지 상상해야 했다. 그러나 이제는 스마트폰 하나면 충분하다. 화면 속 가상 제품이 실제 공간과 자연스럽게 어우러지며, 소비자에게 "이미 사용해 본 것 같은 확신"을 제공한다.

이처럼 AR은 단순히 편리함을 주는 기술이 아니라, 소비자의 마음속에서 '망설임 → 확신'이라는 변화를 유도하는 정서적 촉매제라고 할 수 있다. 예를 들면, "집 안에 놓였을 때 어울릴까?", "내 얼굴 톤과 잘 맞을까?", "이 신발은 나에게 잘 어울릴까?"

과거에는 오랫동안 고민해야 했던 이 질문들이 AR을 통해 빠르게 해결된다. 결과적으로 AR은 브랜드와 소비자 사이의 거리를 줄이고, 구매를 "설명"이 아니라 "경험"으로 만들어 낸다. 즉, 증강현실은 브랜드 인식 →

감각적 체험 → 자기 확신 → 구매로 이어지는 과정에서 보이지 않지만 결정적인 역할을 수행하는 숨은 가속 장치, 바로 현대 소비의 촉매제라 할 수 있다.

이케아의 AR 서비스: 가구 구매 경험을 전환시키는 촉매제

이케아는 가구 구매 과정에서 소비자들이 겪는 가장 큰 어려움인 "우리 집에 잘 어울릴까?" 하는 불확실성을 해결하기 위해 증강현실 기술을 접목한 IKEA Place 앱을 도입하였다. 이 앱은 스마트폰 카메라로 공간을 비추면, 사용자가 선택한 가구를 실제 크기 비율에 맞추어 화면 속 공간에 배치할 수 있도록 하는 AR 기반 시각화 솔루션이다. 특히 IKEA Place의 AR 구현력은 약 98%에 달하는 높은 정확도를 보이며, 가구의 크기는 물론 소재 질감, 그림자, 색감 대비 등 현실감을 좌우하는 요소까지 정밀하게 재현한다.

가구는 의류처럼 직접 착용해 볼 수 있는 제품이 아니기 때문에, 소비자는 매장 쇼룸에서 확인한 인상이 실제 생활 공간에서 동일하게 재현될지 확신하기 어렵다. 이러한 불확실성은 종종 구매 결정의 지연, 또는 구매 후 실망과 반품으로 이어지기도 한다. IKEA Place는 소비자가 구매 전에 시각적 시뮬레이션을 통해 미리 공간적 조화를 확인할 수 있도록 함으로써, 이러한 의사결정 부담을 크게 줄여 준다. 다시 말해, 이 앱은 소비자의 경험적 판단을 돕는 '신뢰 형성 촉매제'로 작동한다.

앱 내에서 제공되는 제품의 범위도 매우 폭넓다. 소파, 테이블, 책상, TV장, 수납장, 의자, 조명, 침대, 유아용 가구 등 다양한 카테고리의 제품을 집 안 여러 공간에 직접 배치해 볼 수 있으며, 사용자는 자신의 주거 환경을 모바일 화면 위에서 하나의 인테리어 캔버스처럼 다루게 된다. 이 과정에서 소비자는 단순히 제품을 비교하는 단계를 넘어, 개인적 취향과 생활 스타일에 맞는 공간 구성을 능동적으로 실험하는 주체가 된다.

이케아의 디지털 전환 책임자는 IKEA Place의 역할을 "고객이 스스로 집 안에서 다양한 스타일을 시도하며 영감을 얻고, 더 확신 있는 구매 결정을 내릴 수 있도록 돕는 과정"이라고 설명한다. 이는 단순한 기술 적용이 아니라, '더 많은 사람들이 합리적인 가격으로 더 나은 생활을 누릴 수 있도록 한다'는 이케아의 브랜드 철학을 디지털 환경에서 구현한 사례라 할 수 있다.

결과적으로 IKEA Place는 가구 구매 경험을 직관적·체험 중심적 경험으로 전환시키는 촉매제이며, 소비자의 의사결정 과정에 확신을 부여함과 동시에 브랜드와 고객 간의 관계를 강화하는 전략적 도구로 작용하고 있다.

이케아 플레이스의 가상 가구 배치

현재는 완벽한 단계는 아니지만, 이와 같은 AR 기술이 가구뿐 아니라 다양한 온라인 쇼핑 플랫폼에 확산될 경우, 소비자의 구매 경험은 더 직관적이고 신뢰할 수 있는 방식으로 변화할 가능성이 크다. 즉, 증강현실은 홈퍼니싱 시장에서 새로운 고객 경험을 만들어 내는 중요한 촉매제로 자리 잡고 있다.

아모레퍼시픽의 AR 거울: 뷰티 경험을 변화시키는 촉매제

직장 여성에게 아침 시간은 늘 바쁘다. 중요한 미팅이나 발표가 있는 날에는 어떤 옷을 입을지, 어떤 메이크업이 가장 자연스럽고 단정해 보일지 고민이 더욱 커진다. 하지만 다양한 색조 제품을 직접 발라 가며 비교하는 과정은 시간도 많이 들고, 매장에서 여러 사람이 테스트한 제품을 사용하는 것은 위생적인 부담도 따른다.

이러한 문제를 해결하는 기술 중 하나가 바로 증강현실(AR) 기반의 가상 메이크업 시스템이다. AR 기술은 거울 속 자신의 얼굴 위에 실제 화장품처럼 자연스러운 색감과 질감을 입혀 주어, 고객이 직접 발라 보지 않고도 가장 어울리는 메이크업 스타일을 빠르게 선택할 수 있도록 돕는다.

아모레퍼시픽은 이러한 기술을 적극적으로 활용하고 있다. 예를 들어, '라네즈 뷰티 미러(Laneige Beauty Mirror)' 앱은 스마트폰 카메라만 비추면 립스틱, 파운데이션, 블러셔 등 다양한 제품을 즉시 얼굴에 적용해 볼 수 있도록 한다. 사용자는 원하는 제품을 시도해보고 마음에 들면 앱에서 바로 구매까지 연결할 수 있다. 즉, 체험 → 결정 → 구매의 흐름을 하나의 플랫폼 안에서 완결시킨 것이다.

또한 아모레퍼시픽 플래그십 스토어(Flagship Store)에 설치된 AR 메이크업 미러는 사용자의 얼굴 윤곽, 피부 톤, 입술과 눈매의 비율 등을 정밀하게 인식한다. 이를 통해 실제 발색에 가까운 결과를 제공하며, 고객이 가장 잘 어울리는 색조 조합을 빠르고 정확하게 찾을 수 있도록 지원한다. 이 과정에서 소비자는 "나에게 딱 맞는 제품"을 직접 발견하는 심리적 만족감을 얻게 된다.

해외에서도 유사한 사례가 확산되고 있다. 프랑스 로레알의 메이크업 지니어스(Makeup Genius) 앱은 실시간 가상 메이크업 체험 기능을 제공하며, 역시 제품 구매까지 손쉽게 이어진다. 특히 뷰티 산업은 감각적 체험과 개인 취향이 구매 결정에 핵심적으로 작용한다는 점에서, AR 기술과의 결합이 매우 높은 시너지를 발휘한다.

결과적으로, AR 메이크업 미러는 단순한 기술 도입이 아니라 '구매 행동을 변화시키는 촉매제'로 작동한다. 이 기술의 장점으로는

- 제품 탐색 시간을 줄여 주고
- 위생적이고 부담 없는 체험 환경을 제공하며
- 매장 방문 없이도 동일한 체험 가치를 누릴 수 있게 하고
- 체험 경험이 구매로 자연스럽게 연결되는 흐름을 만들어 낸다.

뿐만 아니라, 고객의 체험 과정에서 얻은 데이터를 기반으로 맞춤형 추천 및 정밀한 마케팅 전략을 실행할 수 있어, 매출 증대와 브랜드 충성도 강화에도 직접적인 영향을 준다. 즉, AR 미러는 개별 고객의 '나에게 어울리는 것'에 대한 확신을 강화하는 경험적 촉매제이자, 기업 입장에서는 소비자 접점을 확장하는 전략적 도구라고 할 수 있다.

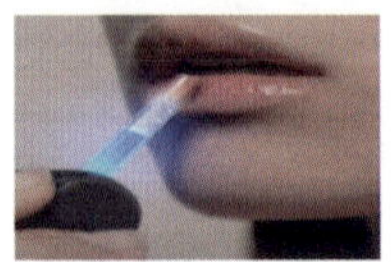

개인 맞춤형 AI 진단과 가상 체험

구찌의 new try-on AR 어플

최근에는 집에서도 이탈리아 명품 브랜드 구찌(Gucci)의 스니커즈를 직접 신어 보는 경험이 가능해졌다. 스마트폰 AR 기능을 활용하면 사용자는 화면 속 자신의 발에 구찌 운동화가 어떻게 어울리는지를 실시간으로 확인할 수 있으며, 스냅샷을 찍어 소셜 미디어에 공유할 수도 있다. 또한 마음에 든 제품은 바로 구찌 공식 온라인몰로 연결되어 쉽게 구매까지 이어진다.

이 AR 기반 트라이온(try-on) 기능은 AR 기술 스타트업 워너비(Wannaby)와의 협업을 통해 구현되었으며, 워너비의 Wanna Kicks 앱에서는 구찌 외에도 아디다스, 나이키, 올버즈 등 다양한 브랜드의 운동화를 가상으로 착용해 볼 수 있다. 특히 구찌의 인기 라인인 에이스(Ace) 스니커즈는 꽃무늬 패턴, 클래식 디자인, 하트 패치 장식 등 여러 모델을 집에서 클릭 한 번으로 비교해 볼 수 있다.

여기서 AR 기술의 진정한 가치가 드러난다. AR 트라이온 기능은 단순한 체험형 기술을 넘어, 소비자 행동과 구매 결정 과정에 촉매제로 작용한다. 고객은 매장에 직접 방문하지 않아도 제품을 현실감 있게 체험할 수 있고, 이는 제품 이해도와 선호도를 빠르게 형성하도록 돕는다. 결국 소비자는 구매 판단을 더 빠르고 자신 있게 내릴 수 있다.

또한 이러한 가상 체험은 구매 후 불만족으로 인한 반품 비용을 줄이고, 브랜드에 대한 신뢰를 높이는 역할을 한다. 높은 가격대의 명품일수록 구매 전 심리적 장벽이 존재하는데, AR은 이 장벽을 낮추고 고객이 제품을 "이미 경험한 사람"으로 전환시켜 브랜드 충성도와 장기적 매출 확대를 촉진한다.

즉, AR 트라이온 기술은 단순히 제품 체험의 편의를 제공하는 수준을 넘어, 브랜드-소비자 관계를 구성하고 시장 확장을 가속화하는 강력한 비즈니스 촉매제로 작동하고 있다.

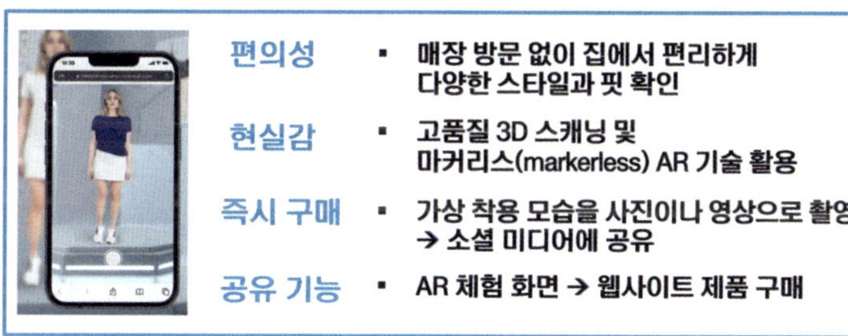

AR 트라이온 기술의 촉매제 역할

다이소의 가격가치 전략

'다이소 증후군'이란 특별히 필요한 물건이 없어도 다이소 매장을 보면 무심코 들어가 둘러보게 되는 행동 패턴을 말한다. 매장을 한 바퀴 천천히 돌아보는 동안, 처음에는 살 계획이 없던 작고 귀엽거나, 편리해 보이는 물건들에 눈이 가고, 결국 몇 가지 제품을 장바구니에 담게 되는 것이 특징이다. 단순한 호기심에서 시작하지만, 반복될 경우 일종의 습관적 소비 행동으로 이어질 수 있다.

이러한 행동이 나타나는 이유는 다이소가 제공하는 저렴한 가격, 다양한 상품 카테고리, 그리고 실생활에 유용하거나 디자인적으로 매력적인 제품 배치 방식 때문이다. 즉, 소비자는 큰 부담 없이 "한 번쯤 사 볼 만한 물건"을 쉽게 발견하게 되고, 이러한 경험이 반복되면서 다이소 방문 자체가 일상적인 루틴처럼 자리 잡게 된다.

다이소 증후군은 단순한 소비 패턴을 넘어서 시간과 지출 습관에도 영향을 미친다. 예를 들어, 원래 계획에 없던 지출이 발생하거나, 짧게 들르려던 방문이 어느새 예상보다 긴 시간이 되어 버릴 수 있다. 특히 저렴한 가격은 '조금 더 사도 괜찮겠지'라는 심리를 자극하여 누적 소비를 증가시키는 촉매제 역할을 한다.

그렇다면 이러한 다이소 증후군이 어떤 자극과 경험을 통해 강화되고

다이소의 고객 가치(국민가게)

 촉매 전략, 마케팅과 혁신의 융합

지속되는지, 그리고 소비자 행동 변화에 어떤 촉매 요인이 작동하고 있는지 살펴보자. 즉 다이소가 소비자의 구매 심리를 어떻게 자극하고, 반복 방문을 유도하는 구조를 자세히 알아보고자 한다.

다이소의 촉매제 역할

다이소가 소비자들에게 반복적으로 방문하게 만드는 가장 큰 촉매제는 가성비와 가심비의 결합이다. 다이소는 1,000원부터 시작하는 부담 없는 가격대를 바탕으로, 생활용품부터 인테리어 소품, 주방·욕실 아이템, 문구·뷰티 제품에 이르기까지 일상에서 필요한 대부분의 카테고리를 아우르고 있다. 소비자는 "필요한 걸 사러 가는 곳"이라기보다 "가서 둘러보면 뭔가 하나쯤 마음에 드는 게 있는 곳"이라는 심리를 갖게 되며, 이 과정에서 다이소는 단순한 저가 생활용품점이 아니라 소비자의 일상적 소비 루틴을 자극하는 플랫폼으로 기능하게 된다.

특히 다이소는 가성비에서 한 단계 발전한 가심비 전략을 통해 브랜드 이미지를 변화시키고 있다. 과거 단순히 '싼 제품' 중심의 브랜드였던 다이소는 최근에는 트렌디한 디자인, 감각적인 색감, 실용성 기반의 품질 개선을 통해 감정적 만족을 제공하는 소비 경험을 강화하고 있다. 예를 들어, 홈데코 용품이나 수납 아이템 등은 MZ세대의 미적 취향을 반영한 디자인으로 제작되어 SNS에서 '다이소 인테리어템', '소확행 꾸미기' 등의 키워드로 지속적으로 공유되고 있다. 이는 다이소 제품이 단순한 소비재를 넘어 라이프스타일을 표현하는 수단으로 확장되고 있음을 보여 준다.

또한 다이소는 빠른 상품 회전율과 지속적인 신제품 출시를 통해 소비자들에게 자연스러운 방문 동기를 유도한다. 매월 100개 이상의 신제품을 선보이며, 시즌·기념일·트렌드에 맞춘 제품 구성을 통해 "이번에는 어떤 새로운 제품이 있을까?"라는 기대감 자체를 촉매제로 만들어 낸다. 이러한 기대감은 소비자의 무의식적·습관적 매장 방문을 강화하는 핵심 동력으로 작용한다.

한정판 굿즈 및 캐릭터 협업 또한 강력한 촉매 요소이다. 인기 애니메이션, 웹툰, 게임 캐릭터와 협업한 문구류와 생활용품은 희소성을 기반으로 소비자의 소유 욕구를 자극하고, 출시 소식이 SNS에서 확산되면서 구매 대기 → 방문 → 체험 → 구매로 이어지는 행동 경로를 형성한다. 이 과정은 브랜드 충성도를 강화하며, '다이소에서만 살 수 있는 가치'를 명확히 한다.

유통 전략에서도 다이소의 촉매제 역할은 두드러진다. 온라인 쇼핑이 주류가 된 시대에도 다이소는 오프라인 중심 전략을 유지하며 매장을 단순한 구매 장소가 아닌 탐색과 체험의 공간으로 설계하고 있다. 지역 특성에 따라 차별화된 매장 콘셉트를 도입하고, 제품 배치를 자주 변경하여 방문할 때마다 새로운 자극과 발견의 경험을 제공한다. 이 경험의 축적은 소비자에게 다시 매장을 찾게 하는 반복 동선의 촉매제가 된다.

결국 다이소는 저렴한 가격 + 감성적 만족 + 신상품 기대감 + 체험형 매장 경험이라는 촉매 요소들이 서로 맞물리며, 소비자의 자발적·습관적·반복적 방문 행동을 강화하는 구조를 만들어 냈다. 이는 다이소가 단순 유통 브랜드를 넘어 일상 속 소비 경험을 설계하는 브랜드로 자리 잡게 된 중요한 요인이라 할 수 있다. (출처: 소비자평가, http://www.iconsumer.or.kr)

제6장

미래를 위한 지속 가능한 촉매제

빅데이터와 생성형 AI 산업의 촉매제 역할

오늘날 빅데이터와 생성형 AI는 거의 모든 산업의 변화를 촉발하는 핵심 촉매제로 자리 잡고 있다. 정부에서도 연관 산업 규모를 약 30조 원 규모로 추정하며, 단순한 기술 트렌드를 넘어 경제 구조와 산업 생태계를 뒤흔드는 거대한 파급력을 지닌 분야로 평가하고 있다.

먼저, 빅데이터는 산업 혁신의 '반응 기반'을 마련하는 역할을 한다. 수많은 데이터가 축적되고 분석될수록, 기업은 고객 행동을 더욱 정교하게 이해하고, 생산과 유통 과정에서의 비효율을 줄이며, 새로운 수요를 예측할 수 있게 된다. 이 데이터는 과거의 통계를 넘어, 미래를 한발 앞서 읽게 하는 '산업의 신경망'이라고 할 수 있다.

한편, 생성형 AI는 이 데이터를 활용하여 새로운 가치를 '창조'하는 도구, 즉 변화를 가속시키는 촉매제이다. 생성형 AI는 텍스트, 이미지, 음성, 영상 등 다양한 데이터를 학습하고, 그 학습을 바탕으로 전혀 새로운 콘텐츠를 만들어 낸다. 예전에는 사람이 수작업으로 해야 했던 기획, 문서 작성, 디자인, 고객 서비스, 연구 분석 등 여러 업무가 생성형 AI를 통해 자동화되거나 고도화되고 있다.

결과적으로 업무 속도는 빨라지고, 인적 자원은 보다 고부가가치 영역에 집중할 수 있다. 이 두 기술이 함께 움직일 때, 산업의 변화 속도는 단순한 개선이 아니라 '도약' 수준으로 가속된다. 예를 들어, 유통 산업에서는 고객별 맞춤형 상품 추천 시스템이 정교해지고, 금융 산업에서는 리스크 분석과 사기 탐지 속도가 비약적으로 빨라지며, 제조 산업에서는 예측 유지보수 시스템이 설비 고장을 사전에 차단하고, 의료 산업에서는 진단 보조와 신약 연구개발 속도가 기존과 비교할 수 없을 만큼 단축되고 있다.

즉, 빅데이터는 산업 변화의 연료를 공급하고, 생성형 AI는 그 연료에 불을 붙여 반응 속도를 빠르게 하는 촉매제 역할을 한다.

이러한 흐름 속에서 글로벌 빅테크 기업과 국내 ICT 기업들은 빅데이터 플랫폼 고도화, AI 기반 고객 경험 혁신, AI 보안 기술 강화 등을 통해 시장 선점 경쟁을 가속화하고 있다. 미래 산업의 경쟁력은 단순히 '기술을 보유하고 있는가'가 아니라, 얼마나 빠르고 정교하게 데이터를 활용하고, AI를 실전에서 실행할 수 있는가로 결정될 것이다.

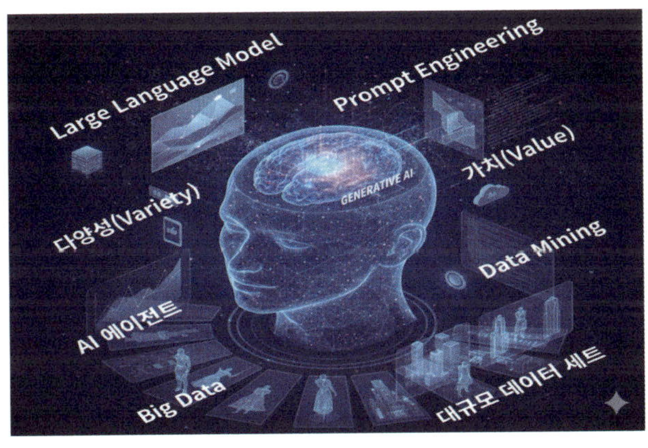

빅데이터와 생성형 AI

결론적으로, 빅데이터와 생성형 AI는 우리 사회가 디지털 전환에서 '혁신 단계'로 넘어가는 데 있어 가장 강력한 촉매제이다. 앞으로 우리는 단순히 기술의 발전을 지켜보는 것이 아니라, 기술이 우리의 일상과 산업 구조, 그리고 사고방식까지 변화시키는 과정을 함께 경험하게 될 것이다.

빅데이터와 생성형 AI의 촉매제로서의 역할

빅데이터와 생성형 AI는 지난 수년간 다양한 산업에서 혁신적 변화를 이끌어낸 핵심 촉매제로 자리 잡고 있다. 이들 기술이 현재 수준의 성숙도에 도달하기 위해서는 여러 기반 기술의 발전이 뒷받침되어야 했다. 우선, 컴퓨터 하드웨어 기술의 비약적인 향상이 중요한 역할을 했다.

고성능 CPU와 GPU의 등장, 대규모 병렬 연산 기술, 클라우드 컴퓨팅 인프라, 그리고 데이터 저장 기술 발전은 방대한 데이터를 실시간에 가깝게 처리하고 분석할 수 있는 환경을 구축하였다. 이로 인해 기업과 연구 기관은 과거보다 훨씬 신속하고 정교한 데이터 기반 의사결정을 수행할 수 있게 되었으며, 데이터 활용이 일상화되는 구조가 형성되었다.

또한, 기계 학습 알고리즘과 딥러닝 기술의 발전은 생성형 AI의 실질적 활용 가능성을 크게 확장시켰다. 딥러닝 모델은 대량의 비정형 데이터에서 패턴을 스스로 학습할 수 있으며, 이는 단순한 데이터 분석을 넘어 자연어 처리, 이미지 인식, 음성 분석, 자동화된 의사결정 시스템 등 다양한 분야에서 고도화된 서비스 구현을 가능하게 한다. 즉, 생성형 AI는 기존의 데이터를 단순히 '이해'하는 수준을 넘어, 새로운 콘텐츠와 지식을 '생성'하며 산업 전반의 가치 창출 속도를 가속화하는 촉매로 작용한다.

산업 현장에서의 활용을 살펴보면, 제조업에서는 빅데이터 분석을 통해 생산 공정을 최적화하고 품질 관리 정확도를 향상시키고 있다. 물류·유통 산업 역시 소비자 구매 패턴, 재고 수준, 운송 경로 데이터를 실시간으로 분석함으로써 효율적인 재고 운영과 배송 루트 최적화를 달성하고 있다.

생성형 AI는 이 과정에서 운영 자동화, 리스크 예측, 고객 경험 개인화 등의 영역을 강화하며, 미디어 산업에서는 창의적 콘텐츠 기획을 보조하고, 유통 산업에서는 제품 추천 알고리즘을 고도화하여 구매 유도 효과를 높이고 있다. 나아가 농업의 스마트팜 운영, 에너지 사용량 예측, 부동산 가격 분석 등 다양한 산업군으로 기술 적용 범위가 빠르게 확장되고 있다.

사회 문제 해결 측면에서도 두 기술의 활용 가치는 매우 크다. 예를 들어, 도시 교통 혼잡을 완화하기 위해 교통량, 기상, 출퇴근 시간 데이터를 통합 분석하여 스마트 교통 흐름 제어 시스템을 구축할 수 있다. 공공안전 분야에서는 범죄 발생 패턴 분석을 통한 사전 예방적 치안 전략이 가능해지고 있다. 의료 분야에서는 전자의료기록(EMR)과 의료영상 데이터를 분석하여 개인별 맞춤 진단 및 치료 전략을 제시할 수 있으며, 생성형 AI는 신약 후보 물질 탐색과 치료법 연구의 속도를 획기적으로 단축시키는 기반이 되고 있다.

이처럼 빅데이터는 변화의 토대를 제공하고, 생성형 AI는 그 변화가 더 빠르고 강하게 확산되도록 반응 속도를 높이는 촉매제로 기능한다. 결과적으로 이들 기술은 산업의 효율성을 높일 뿐 아니라, 사회 문제 해결 방식과 시장 경쟁 구조 자체를 재편하는 미래 혁신의 핵심 동인으로 평가된다.

맞춤형 마케팅 서비스 활용

개인 맞춤형 서비스는 빅데이터와 생성형 AI가 빛을 발하는 분야로, 기업은 두 기술을 활용해 고객의 선호도와 행동패턴을 분석해 개인에게 가장 적합한 제품이나 서비스 추천이 가능해진다. 소비자의 온라인 행동, 구매이력, 선호도 등을 분석해 소비자에게 더욱 정교한 제품 추천을 제공해 고객 로열티를 높일 수 있고, 신규 상품 개발이나 마케팅 전략을 세우는 데도 큰 도움이 된다.

제조 산업 분야에서의 촉매제

제조 산업에서는 생산 과정 전반에서 방대한 양의 데이터가 지속적으로 생성된다. 빅데이터는 이러한 데이터를 체계적으로 수집·분석하여 공정 효율성 향상, 품질 안정화, 공급망 최적화에 기여한다. 예를 들어, 생산 설비에 부착된 센서를 통해 기계의 동작 상태를 실시간으로 모니터링하고, 이를 분석하여 고장 가능성을 사전에 예측(예지 정비, Predictive Maintenance)할 수 있다. 이는 생산 중단 시간을 줄이고 유지·보수 비용을 절감하는 효과를 가져온다.

여기에 생성형 AI가 촉매제로서 결합되면 변화는 더욱 가속화된다. 생성형 AI는 시장 데이터, 고객 피드백, 과거 설계 정보를 학습하여 새로운 제품 디자인을 자동으로 제안하거나 설계 방향성을 도출할 수 있다. 이는 제품 개발 주기를 단축하고, 소비자 요구 변화에 빠르게 대응할 수 있도록 한다. 또한 AI 기반 품질 검사 시스템은 공정 중 발생하는 미세 결함까지 감지해 불량률을 줄이고 품질 신뢰성을 높이는 역할을 수행한다.

즉, 제조 산업에서 빅데이터는 정확한 진단과 분석을 제공하는 기반이며, 생성형 AI는 그 기반을 실질적인 혁신으로 전환시키는 촉매제로 작용한다. 두 기술의 결합은 제조 공장을 데이터 기반 지능형 생산 체계(Smart Factory)로 변화시키는 핵심 동력이 되고 있다.

금융 산업 분야에서의 촉매제

금융 산업은 빅데이터와 생성형 AI의 활용 효과가 가장 두드러지게 나타나는 분야 중 하나이다. 대한상공회의소의 조사에 따르면, 금융업은 생성형 AI 적용 가능성과 활용도가 가장 높은 산업 분야로 평가되고 있다. 이는 금융 서비스가 기본적으로 대량 데이터 처리와 복잡한 위험 판단을 필요로 하기 때문이다.

빅데이터는 고객 행동 패턴, 신용 기록, 거래 이력, 소비 성향 등의 다양한 데이터를 통합·분석하여 개인화된 금융 서비스 제공을 가능하게 한다. 예를 들어, AI 신용평가 모델은 기존의 단순 점수 방식보다 더 정교하게 고객의 상환 능력과 위험 수준을 예측할 수 있어, 대출 승인과 금리 산정에 합리적인 기준을 제시한다. 또한, 빅데이터 기반 패턴 분석은 부정 거래 탐지 시스템을 고도화하여 금융 범죄 예방에 중요한 역할을 한다.

생성형 AI는 금융 의사결정 과정에서도 촉매제로 작용한다. 주가 흐름, 금리 변동, 글로벌 지수 등 복잡한 시장 데이터를 실시간 분석하여 투자 전략 수립과 위험 관리에 활용할 수 있다. 또한, 고객 상담 서비스에서는 생성형 AI 챗봇이 도입되어 24시간 비대면 금융 지원이 가능해지고 있으며, 이는 고객 경험 개선과 운영 비용 절감이라는 두 가지 효과를 동시에 가져온다.

즉, 금융 산업에서 빅데이터가 정확한 분석 기반을 제공한다면, 생성형

AI는 그 분석을 신속한 판단과 서비스 제공으로 전환시키는 촉매제 역할을 수행한다.

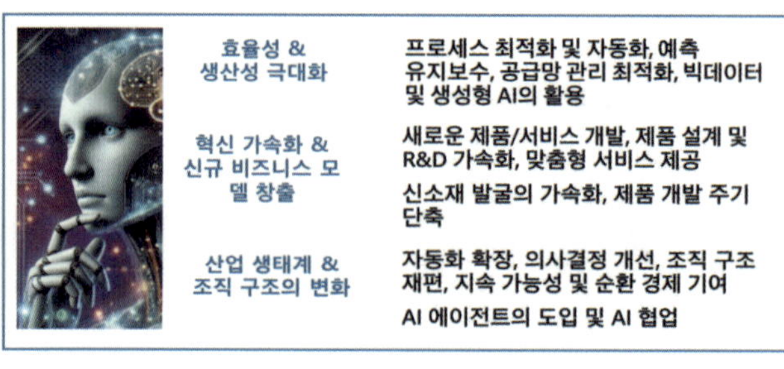

AI가 촉매제로서 미치는 산업 변화

헬스케어 분야에서의 촉매제

헬스케어 분야에서 빅데이터와 생성형 AI의 활용은 의료 서비스 전반에 걸쳐 근본적인 변화를 이끌고 있다. 의료기관에서는 환자의 진료과정에서 지속적으로 발생하는 전자의무기록(EMR), 유전체 정보, 임상시험 결과, 웨어러블 기기를 통해 수집되는 생체 정보 등 서로 다른 형태의 방대한 데이터를 다루고 있으며, 이러한 데이터는 환자의 질병 상태를 보다 정밀하게 파악하고 치료 전략을 수립하는 데 필요한 중요한 근거로 활용되고 있다.

빅데이터 기술은 이처럼 다양한 출처에서 수집된 데이터를 통합하여 복잡한 질병 패턴과 상관관계를 식별할 수 있도록 해 주며, 생성형 AI는 이러한 분석 결과를 바탕으로 새로운 치료 계획, 질병 예측 모델, 또는 진단 기준을 제시하는 역할을 수행한다.

특히 정밀의료 영역에서는 환자의 유전적 특성과 병력, 생활습관 정보를 분석하여 개인별 위험도를 예측하고 최적의 치료법을 도출할 수 있다. 예를 들어 미국 Memorial Sloan Kettering Cancer Center에서 개발한 MSK-IMPACT 시스템은 암 환자의 유전자 변이를 분석하여 환자 개인에게 가장 적합한 항암제 조합과 치료 접근법을 추천함으로써 치료 반응률을 높이고 불필요한 약물 사용을 감소시키는 효과를 보이고 있다. 이러한 접근은 기존의 일반화된 치료 방식에서 벗어나 환자 개별 특성에 기반한 맞춤의료 실현에 기여하고 있다.

또한, 의료영상 분석 분야에서도 생성형 AI는 큰 잠재력을 보여주고 있다. CT, MRI, X-ray와 같은 영상에서 질병의 미세한 징후를 빠르게 탐지하는 기술은 조기 진단율을 높이고 의료진의 판단 부담을 줄이는 데 도움을 준다. 예를 들어, 구글 딥마인드(DeepMind)에서 개발한 당뇨병성 망막병증 자동 진단 모델은 망막 이미지를 분석하여 고위험 환자를 신속하게 판별할 수 있도록 돕고 있으며, 한국 딥러닝 기반 기업인 루닛(Lunit)의 AI 영상 분석 솔루션은 흉부 X-ray 이미지에서 폐암 의심 부위를 정확하게 식별하여 다수 의료기관에서 사용되고 있다. 이러한 기술은 특히 전문

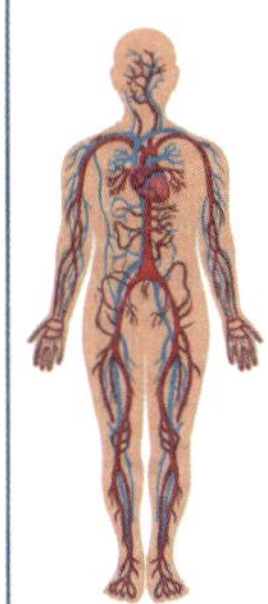

글로벌 헬스케어 산업의 핵심 이슈

의가 부족한 지역이나 의료 인프라가 열악한 환경에서 진단 격차를 줄이는 데 중요한 역할을 한다.

헬스케어 분야에서 생성형 AI는 환자 개개인의 상태를 지속적으로 모니터링하고, 잠재적 위험을 사전에 감지하는 역할을 수행할 수도 있다. 예를 들어, 스마트워치와 같은 웨어러블 기기는 실시간 심전도 데이터를 수집하고 AI 알고리즘은 이를 분석하여 이상 징후가 발견될 경우 사용자에게 즉시 경고한다. Apple Watch의 부정맥 감지 기능은 대표적인 사례로, 사용자가 병원을 방문해야 할 필요성을 미리 알려줌으로써 응급 상황에서의 골든타임 확보를 가능하게 하고 있다.

더 나아가 생성형 AI는 신약 개발 과정에서도 점점 더 핵심적인 역할을 차지하고 있다. 기존의 신약 개발 과정은 수년 이상의 시간이 소요되는 반면, 생성형 AI는 화합물 구조 데이터를 학습하여 새로운 약물 후보 물질을 직접 설계할 수 있다. 실제로 신약개발 전문 바이오 기업인 인실리코 메디슨(Insilico Medicine)에서는 생성형 AI를 활용해 폐섬유증 치료제 후보 물질을 설계하였고, 이는 18개월 만에 임상 1상 단계에 진입하여 기존보다 훨씬 빠른 속도로 연구가 진행될 수 있었다. 이는 생성형 AI가 향후 제약 연구의 패러다임을 혁신적으로 변화시킬 수 있음을 보여 준다.

그러나 이러한 기술의 발전에도 불구하고 해결해야 할 문제 역시 존재한다. 의료 데이터는 민감한 개인정보이기 때문에 데이터 유출 및 오남용에 대한 위험이 항상 존재하며, 의료기관마다 데이터 품질과 수집 방식에 차이가 있어 일관된 AI 모델 개발이 어렵기도 하다. 또한 AI 진단이 잘못 이루어졌을 때 발생할 수 있는 책임 문제나, 의료진의 설명 가능성 요구 등 윤리적 논의도 함께 고려되어야 한다. 따라서 기술 발전과 함께 개인

정보 보호 체계 확립, 의료 데이터 표준화, AI 의사결정의 투명성 확보가 동시에 진행되어야 한다.

이처럼 헬스케어 분야에서 빅데이터와 생성형 AI는 진단 정확성 향상, 환자 중심 치료 계획 수립, 의료 서비스 효율화, 신약 개발 가속화를 통해 의료 환경 전반에 긍정적인 변화를 촉진하고 있으며, 앞으로도 의료산업 혁신을 위한 핵심 촉매제로서의 역할을 계속 확대해 나갈 것으로 기대된다.

유통 분야에서의 촉매제

유통업계에서 빅데이터와 생성형 AI의 활용은 단순한 판매 채널 운영을 넘어, 고객 경험의 질을 향상시키고 기업의 의사결정 구조 전반을 변화시키는 핵심 요소로 자리 잡고 있다. 유통업체들은 고객이 온라인과 오프라인에서 남기는 다양한 행동 데이터를 수집하고 분석함으로써, 소비자의 취향, 구매 시점, 가격 민감도, 브랜드 선호도 등을 정밀하게 파악할 수 있게 되었다.

예를 들어 고객이 특정 상품을 온라인에서 장바구니에 담았지만 구매하지 않은 상태로 매장을 방문한다면, AI 시스템은 이 정보를 매장 POS(Point of Sale) 시스템, 멤버십 기록, 그리고 위치 기반 서비스와 연동하여 해당 고객에게 할인 정보나 연관 상품 추천을 제공할 수 있다. 이러한 맞춤형 서비스는 고객이 느끼는 편의성과 만족도를 높일 뿐 아니라, 구매 전환율 개선에도 직접적인 기여를 한다.

특히 생성형 AI는 고객 경험을 '직접 체험 가능한 형태'로 확장시킨다는 점에서 혁신적 의미를 갖는다. 대표적인 예로, 가상 피팅(Virtual Try-on) 기술은 고객이 스마트폰 카메라 또는 매장 내 디지털 디스플레이를 이용하여 옷을 직접 착용하지 않고도 본인의 체형에 적용된 모습을 확인할 수 있도록 해 준다.

이는 온라인 쇼핑에서 발생하기 쉬운 "사이즈 불일치" 문제를 완화시키고, 반품률을 감소시키는 효과를 낳고 있다. 가구 및 인테리어 분야에서도 유사한 AR 기반 솔루션이 널리 활용되고 있는데, 고객은 자신의 거주 공간을 스마트폰으로 비춘 후 원하는 가구를 화면 상에서 배치해 볼 수 있다. 이렇게 생성형 AI는 '제품을 먼저 사용해 보고 결정할 수 있는 환경'을 제공함으로써, 구매 의사결정에서 발생하던 불확실성을 크게 줄여 준다.또한 유통업계는 빅데이터와 생성형 AI를 활용하여 공급망 관리(SCM) 최적화에도 속도를 내고 있다. 소비자의 구매 패턴, 계절 트렌드, 지역별 수요 변화를 분석하면, 어떤 제품이 언제, 어느 매장에서 더 잘 판매될지 예측할 수 있다. 이를 바탕으로 재고 배분 전략을 세밀하게 조정하고 불필요한 재고 비용을 줄이며, 품절 상황 또한 최소화할 수 있다. 예를 들어 글로벌 유통기업 월마트(Walmart)는 매장 내 센서, POS 데이터, 기상 정보 등을 실시간 분석하여 상품 수요를 예측하고 있으며, 그 결과로 재고 순환 속

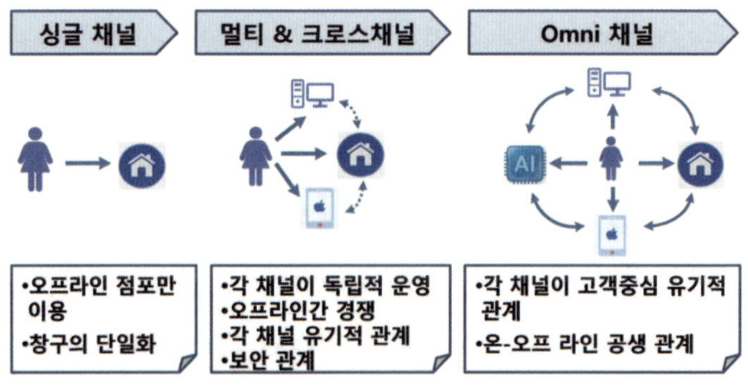

유통 채널 패러다임의 변화

도의 개선과 운영 비용 절감을 실현하고 있다.

더 나아가 생성형 AI는 유통기업의 마케팅 전략 수립 방식에도 변화를 가져오고 있다. 과거에는 대규모 광고 캠페인을 동일한 메시지로 진행하는 방식이 일반적이었다면, 이제는 고객 세그먼트별로 언어, 이미지, 추천 문구가 자동 생성되어 개인화된 마케팅이 가능해지고 있다. 예를 들어, 한 고객이 지속적으로 친환경 제품을 구매한다면 AI는 해당 고객에게 '지속 가능한 브랜드 추천' 콘텐츠를 자동으로 생성하여 제공할 수 있으며, 이는 고객과 브랜드 간의 정서적 유대 형성에도 기여한다.

그러나 이러한 기술 활용에는 해결해야 할 과제도 존재한다. 고객의 구매 데이터를 수집하고 분석하는 과정에서는 개인정보 보호와 데이터 활용 윤리 문제가 반드시 고려되어야 하며, 추천 알고리즘의 편향 문제가 지속적으로 제기될 수 있다. 따라서 유통기업들은 기술 도입과 함께 투명한 데이터 사용 기준을 마련하고, 알고리즘의 출력 과정에 대한 설명 가능성을 확보해야 한다.

이처럼 유통업계에서 빅데이터와 생성형 AI는 고객 맞춤형 서비스 제공, 체험 중심 소비 환경 구축, 공급망 효율화, 마케팅 개인화 전략 강화 등 다양한 측면에서 산업 변화의 촉매제 역할을 수행하고 있으며, 앞으로도 소비자 경험 중심의 유통 패러다임 전환을 지속적으로 가속화할 것으로 예측된다.

미디어 및 엔터테인먼트 분야에서의 촉매제

미디어 및 엔터테인먼트 산업은 기술 발전과 소비자 취향 변화의 속도가 매우 빠른 영역으로, 트렌드에 민감하게 반응하지 못하면 경쟁에서 뒤처지기 쉬운 특징을 가지고 있다. 이러한 환경에서 빅데이터와 생성형 AI는 단순한 지원 기술을 넘어 콘텐츠 제작, 유통, 소비 전 과정에서 핵심 촉매제로 작용하고 있다.

먼저, 빅데이터는 소비자가 어떤 콘텐츠를 언제, 어떤 기기에서 시청하는지와 같은 정량적 정보뿐만 아니라, 좋아요·댓글·검색 패턴·시청 중 이탈 시점 등 정성적 반응까지 수집하여 분석할 수 있도록 한다. 이를 통해 기업은 특정 장르나 캐릭터, 서사 구조가 어떤 시청자 계층에서 높은 선호도를 보이는지 파악하고, 이를 기반으로 새로운 콘텐츠의 기획 방향을 설계할 수 있게 된다.

예를 들어, 넷플릭스는 이용자 행동 데이터를 분석하여 작품의 주제, 등장인물 구성, 배경 톤까지 반영한 맞춤형 오리지널 콘텐츠를 제작하고 있으며, 이는 데이터 기반 제작 전략이 상업적 성공과 직접적으로 연결될 수 있음을 보여 준다.

한편, 생성형 AI는 콘텐츠 제작 그 자체의 방식을 변화시키고 있다. 기존에는 영상, 음악, 애니메이션 제작 과정에서 많은 시간과 전문 기술이 요구되었지만, 생성형 AI는 스크립트 작성, 배경 이미지 생성, 음성 더빙, 캐릭터 디자인 등을 자동화하거나 보조하는 형태로 적용되어 창작 과정의 효율성을 크게 높여 준다.

예를 들어, AI 음성 합성 기술은 실제 성우의 목소리를 학습하여 자연스러운 발화와 감정 표현이 가능한 가상 목소리를 만들어 내며, 이는 더빙 작업을 신속히 진행할 수 있게 할 뿐 아니라 해외 콘텐츠의 현지화 작업에도 유용하게 활용될 수 있다. 또한 최근에는 광고·드라마·뮤직비디오 등에 등장하는 AI 기반 가상 모델 및 가상 아이돌이 점차 대중화되고 있

다. 이들은 실제 사람과 유사한 감정 표현과 움직임을 구현하도록 훈련된
가상 캐릭터로, 일정이나 계약 문제 없이 지속적인 콘텐츠 활동이 가능하
다는 장점이 있어, 기업과 브랜드의 마케팅 전략에서 새로운 자산으로 자
리 잡고 있다.

AI의 마케팅 및 광고 지원

특히 엔터테인먼트 산업에서 생성형 AI는 콘텐츠 소비 경험 자체도 변
화시키고 있다. 예를 들어, 팬이 직접 아이돌의 새로운 스타일이나 목소
리를 생성해보는 참여형 플랫폼이 등장하면서, 소비자는 단순히 콘텐츠
를 시청하는 수동적 관객이 아니라 콘텐츠 공동 제작자로 역할이 확장되
고 있다. 이는 팬덤 기반 참여 문화를 강화시키고, 콘텐츠에 대한 몰입과
충성도를 더욱 높이는 효과를 가져온다.

그러나 생성형 AI 활용에는 저작권 문제, 얼굴 및 음성 표절 논란, 허위
정보 확산 가능성 등 해결해야 할 윤리적·법적 과제도 존재한다. 실제 인
물의 외형과 목소리를 무단 학습시키는 사례가 증가하면서 콘텐츠 제작
자와 플랫폼 운영자에게 책임 있는 데이터 활용 기준을 마련하는 것이 필
수적 과제로 떠오르고 있다.

이처럼 미디어 및 엔터테인먼트 산업에서 빅데이터와 생성형 AI는 콘텐츠 기획 → 제작 → 유통 → 소비의 전 과정에서 혁신을 촉진하며, 단순한 자동화 기술이 아닌 새로운 창작 생태계를 확장하는 촉매제로 작용하고 있다. 앞으로 이 기술들은 관객과 창작자의 경계를 더욱 흐리게 하고, 개인화된 미디어 경험을 중심으로 하는 새로운 콘텐츠 패러다임을 더욱 가속화할 것으로 전망된다.

건축 및 엔지니어링 분야에서의 촉매제

건축 및 엔지니어링 분야는 오랫동안 전통적인 설계 방식과 수작업 중심의 업무 프로세스에 의존해 온 산업으로, 디지털 기술 도입 속도가 상대적으로 더디다고 평가되어 왔다. 그러나 최근에는 빅데이터와 생성형 AI 기술이 업무 프로세스 전반에서 혁신을 촉진하는 핵심 촉매제로 등장하고 있다.

기존 건축 설계 과정은 건축가가 건물 용도, 부지 조건, 법규 제한, 구조 안전성, 지속가능성 요소 등을 종합적으로 검토하여 설계해 나가는 방식이었고, 이 과정에는 많은 시간과 노동이 요구되었다. 그러나 생성형 AI를 활용하면 이러한 사전 정의된 설계 조건을 알고리즘에 반영하여, 수많은 설계안 후보를 단시간에 자동으로 생성하고 비교할 수 있게 된다. 이로 인해 설계에 걸리는 시간이 과거 몇 주에서 몇 달이 소요되던 것과 달리, 현재는 수시간~수일 내에 프로토타입 설계안을 확보할 수 있는 수준으로 변화하고 있다.

예를 들어, AI 기반 건물 설계 시스템은 채광량, 바람의 흐름, 진동, 온도 변화 등 환경 정보를 실시간으로 분석하고, 이를 반영하여 자연광이 최적으로 유입되는 건물 외형 또는 에너지 효율이 높은 구조를 자동 설계할 수 있다. 또한 도시 계획 측면에서도, 인구밀도·교통흐름·상업구역 분포 등 빅데이터 정보를 연계 분석하여 최적의 건물 배치와 용도 계획을 도출할 수 있다. 이는 단순한 설계 자동화를 넘어 환경성과 경제성을 동시에 고려한 과학적 의사결정을 가능하게 만든다.

건축 시공 단계 또한 생성형 AI의 도입으로 변화하고 있다. 건설 현장에서 발생하는 센서 데이터, 자재 이동 기록, 기계 장비 사용 정보 등을 실시간 분석하여 안전 위험 요인을 사전에 감지하거나, 공정 지연 가능성을 예측하여 대응할 수 있게 된 것이다. 예를 들어, AI 기반 시뮬레이션 기술은 공사 기간 중 발생할 수 있는 충돌·간섭 문제를 미리 탐지하여 재작업 및 비용 낭비를 줄이는 데 활용된다. 나아가 3D 프린팅 건축 기술, 로봇 시공 시스템 등이 도입되면서, 설계 → 제작 → 시공 과정이 디지털 기반으로 통합되는 추세가 강화되고 있다.

또한, BIM(Building Information Modeling)과 생성형 AI가 결합되면, 건물의 설계 정보뿐 아니라 구조, 설비, 유지보수 계획까지 하나의 통합 데이터 시스템 내에서 관리할 수 있다. 이는 건축물의 전 생애주기(Life

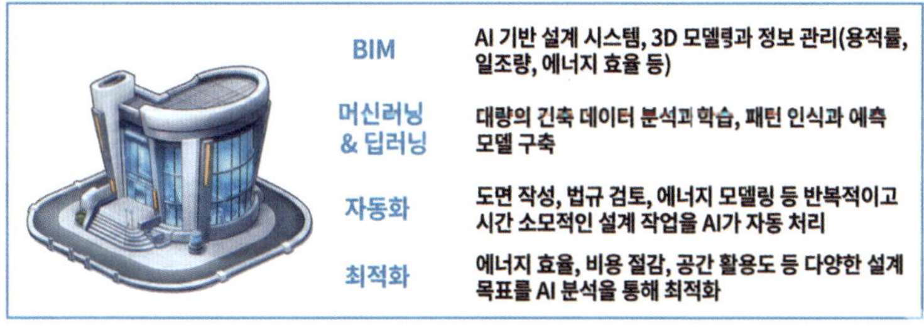

건축 분야의 AI 기술 활용

Cycle)를 효율적으로 관리할 수 있도록 하여, 건물이 지어진 이후의 유지 보수 단계까지 혁신을 확장한다.

　물론 이러한 변화에는 해결 과제도 존재한다. 예를 들어, AI가 생성한 설계 결과에 대한 책임 주체 문제, 설계 창의성의 표준화 가능성, 데이터 편향에 따른 안전성 문제 등이 논의되고 있다. 그러나 그럼에도 불구하고, 생성형 AI와 빅데이터는 건축 및 엔지니어링 산업에서 설계 속도 향상, 안전성 강화, 자원 효율 개선, 지속 가능한 도시 구현 등 다양한 혁신적 가치를 창출하며 산업 변화의 촉매제로 작용하고 있다.

환경/자원 효율성을 높이는
지속 가능한 촉매제

　미래 농업 분야의 핵심은 단순한 생산성 향상이 아니라, 지속 가능성의 확보에 있다. 기후 변화, 이상 기상 현상, 국제 정세 변화로 인해 수입에 의존하던 식량 공급 체계는 점점 더 큰 불확실성에 직면하고 있다. 특히 최근 몇 년간 가뭄과 홍수, 고온과 저온 현상이 반복되면서 농업 생산 기반이 약화되고 있으며, 기존의 농업 방식만으로는 안정적인 식량 공급을 보장하기 어려운 상황이 되고 있다.

　이에 따라 과거 주변국으로부터 대규모로 채소를 수입하던 국가들조차도 스마트팜으로 대표되는 CEA(Controlled Environment Agriculture) 시스템을 적극적으로 도입하여 식량 자급률을 높이려 하고 있다. CEA는 첨단 하드웨어와 소프트웨어를 활용해 온도, 습도, 영양 공급, 수분 관리, 광 조건 등 식물의 성장 환경을 정밀하게 제어함으로써, 외부 기후 조건의 영향을 받지 않고 안정적인 농작물 생산을 가능하게 한다.

　앞으로 물과 농경지 자원의 고갈, 이상 기후 발생 빈도의 증가, 고령화로 인한 농업 노동력 감소 문제는 전 세계적으로 더욱 심화될 것으로 예상된다. 이러한 상황은 미래 농업이 생존하기 위해서는 지속 가능성을 실현할 수 있는 대응 기술을 확보하고 활용하는 것이 필수적임을 보여 준다. 즉, 미래 농업 경쟁력은 '누가 더 많이 생산하느냐'가 아니라, '누가 더 안정적이고 효율적으로 생산 시스템을 유지할 수 있느냐'로 재정립되고 있다.

이 지점에서 생성형 AI, 로봇 자동화, 재생에너지 기반 에너지 관리 시스템, 스마트 센서 네트워크, 신품종 육종 기술은 각각 독립적인 기술이 아니라 미래 농업의 변화를 촉진하는 촉매제 역할을 한다.

예를 들어, 태양광·풍력과 같은 신재생 에너지 시스템을 스마트팜 인프라와 연계하면 외부 전력망에 의존하지 않고도 안정적인 에너지 수급이 가능해지며, 이는 장기적 운영 비용 절감과 환경 영향 감소로 이어진다. 또한 농작물 생육 데이터를 지속적으로 수집·분석하는 AI 기반 관리 시스템은 생육 단계별 최적의 영양·관수 정책을 자동으로 제어하여 자원 사용 효율을 극대화한다. 노동력이 부족한 상황에서는 로봇 팔, 자율주행 운반 로봇, 자동 수확 장비 등 농업 전 과정 자동화 솔루션이 필수적 역할을 담당하게 된다.

아울러 기후 변화에 강한 작물 품종 개발 역시 중요한 촉매 요소로 부상하고 있다. 유전자 편집 기반 신육종 기술은 단기간 내에 고내병성, 고내염성, 고온 내성 등을 갖춘 작물을 개발할 수 있게 하며, 이는 재배 환경 변화에 대한 회복력을 크게 향상시킨다.

결국 미래 농업은 기술 간 융합과 시스템적 혁신을 통해 새로운 생산 패러다임을 형성할 것으로 보인다. 과거의 농업 혁명에서 그러했듯, 이러한 변화에 빠르게 적응하고 기술적·전략적·운영적 역량을 갖춘 기업과 국가가 미래 식량 산업의 주도권을 확보하게 될 것이다. 반대로 변화 수용에 소극적이거나 기술 투자에 뒤처지는 주체는 시장 경쟁에서 점차 설 자리를 잃을 가능성이 높다. 즉, 미래 농업의 촉매제를 다루는 역량이 곧 산업 생존과 성장의 결정 요인이 되고 있는 것이다.

스마트팜이란?

스마트팜은 정보통신기술(Information & Communication Technology)과 인공지능을 포함한 4차 산업혁명 기술을 농업에 접목하여 작물 생장에 최적화된 재배환경을 제공하는 시설 재배 방식이다. 이는 기후 변화가 심화되는 시대에 농업 생산 체계의 안정성과 지속 가능성을 강화하는 핵심 대응 전략으로 평가받고 있으며, 농업 기술 혁신을 촉진하는 촉매제 역할을 하고 있다. 다시 말해, 기존의 농업 방식에 자동화·지능화 기술을 융합함으로써 노동력 부담을 줄이고 자원 사용 효율을 높이며, 외부 환경 변화에 대한 대응력을 강화하는 방향으로 발전하고 있다.

스마트팜은 태양광을 주광원으로 사용하는 온실과 LED 등의 인공 광원을 기반으로 하는 실내농장으로 나눌 수 있다. 특히 실내농장은 다단식 재배 구조를 통해 공간 활용도를 극대화하기 때문에, 수직농장이라는 개념으로 널리 불린다. 또한 온실 중에서도 외부 공기 유입을 최소화하여 내부 환경을 정밀 제어할 수 있는 반밀폐형 또는 하이테크 온실은 완전 밀폐형 수직농장과 비교되며, 경제성과 운영 효율성을 중심으로 다양한 응용 형태가 연구되고 있다.

온실 재배 방식의 장점은 자연광을 최대한 활용할 수 있도록 투명 유리 또는 고투과 플라스틱 소재를 피복재로 사용하여 식물 생장에 필요한 빛 공급 효율을 높일 수 있다는 점이다. 그러나 이러한 구조는 단열 성능이 낮아 외부 기상 환경 변화에 취약하다는 단점도 존재한다. 반면, 수직 농장은 외부 기후의 영향을 받지 않는 완전 밀폐 환경에서 광, 온도, 습도, CO_2 농도 등을 정밀하게 제어할 수 있어 안정적인 품질 관리가 가능하다. 하지만 인공 광원과 환경 제어 설비가 요구되어 초기 구축 비용과 운영 비용이 높은 편이며, 대규모 확장에 어려움이 있을 수 있다.

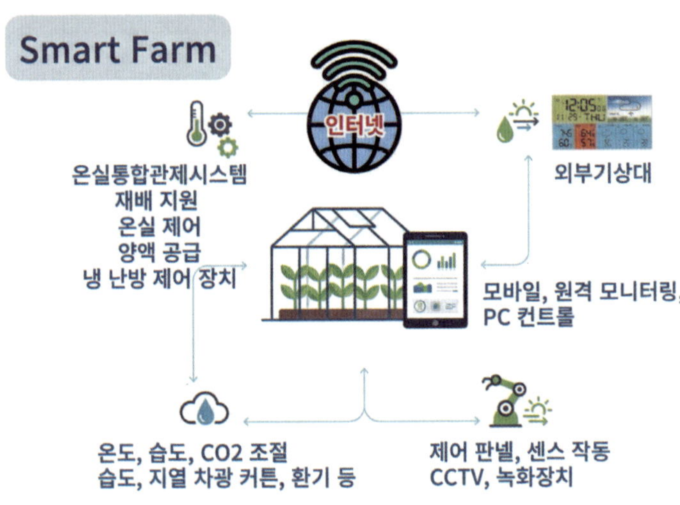

스마트팜의 정의 및 개념도

최근 스마트팜 기술 발전 흐름은 에너지 비용 절감과 운영 효율성 개선을 핵심 목표로 하고 있다. 기존의 화석 연료 기반 난방 체계에서 벗어나, 태양열·지열·열 저장 시스템 및 재생에너지 기반 에너지 공급 방식이 적용되고 있으며, 고효율 LED 광원 도입과 작물의 환경 적응력을 높이는 신품종 육종 기술 개발도 활발히 이루어지고 있다.

특히 스마트팜 확산의 중요한 촉매제로 지능형 시스템 제어기술이 주목받고 있다. 네덜란드 프리바(PRIVA)사의 AI 기반 에너지 최적화 시스템은 온실 운영 비용을 절감하면서 필요한 열에너지 수요를 예측하고, 이를 바탕으로 효율적인 설비 제어 로직을 생성한다. 더 나아가 PRIVA는 핀란드 Sig-Plant사와 협력하여 디지털 트윈 기반 온실 운영 솔루션을 실제 재배 환경에 적용해 에너지 비용 절감 효과를 검증하고 있다. 또한 영국 호우헨드우른(Hoogendoorn)사의 스마트 온실 자동제어 시스템, 네덜란드 블루 라딕스(Blue Radix)사의 AI 온실 운영 플랫폼 역시 실제 상업 농장과의 파일럿 프로젝트를 통해 검증 및 확산 전략을 추진하고 있다.

이처럼 스마트팜은 단순한 기술 적용을 넘어서, 지속 가능한 미래 농업 생태계 전환의 촉매제로 작용하고 있다. 생산 안정성, 자원 효율, 기후 대응력, 노동력 대체 가능성을 동시에 해결할 수 있는 잠재력을 통해, 농업의 패러다임을 근본적으로 변화시키는 핵심 기술 분야로 자리매김하고 있는 것이다.

작물 재배관리 기술

스마트팜 재배 생산 규모가 점차 확대되면서, 기상변화, 에너지 비용 상승 등 외부 환경 요인의 영향에 민감하고 능동적으로 대응할 수 있는 재배관리 체계의 필요성이 커지고 있다. 과거에는 농업 노하우가 주로 농업인의 경험과 직관에 기반해 축적·전승되었다면, 오늘날의 스마트팜에서는 데이터 기반 의사결정이 핵심으로 자리 잡고 있다. 이는 단순히 자동화 설비를 도입하는 수준을 넘어, 다양한 센서와 환경 제어 장치를 통해 수집된 데이터를 분석·예측하여 재배 전략을 최적화하는 단계로 발전하고 있음을 의미한다.

특히 인공지능 기술의 발달은 이러한 전환을 촉진하는 촉매제 역할을 하고 있다. 스마트팜에서 수집된 환경 데이터, 생육 데이터, 병해충 발생 정보 등을 분석형 인공지능이 처리함으로써, 작물 생육 상태의 정량적 평가, 병해 가능성 예측, 관수·양액 공급량 최적화 등의 정밀한 제어가 가능해졌다. 즉, AI는 작물이 "어떤 환경을 필요로 하는지"를 실시간으로 파악하고, 재배자가 최적의 판단을 내릴 수 있도록 과학적 근거를 제공하는 분석 엔진으로 작동한다.

더 나아가 최근에는 생성형 인공지능의 활용 가능성도 본격적으로 논의되고 있다. 단순히 데이터를 분석하는 것을 넘어, 재배 전략 제안, 문제 상황 대응 가이드, 계획 기반 시뮬레이션 등 의사결정 지원 수준으로 확장되고 있는 것이다.

예를 들어, 글로벌 종자·작물보호제 및 디지털 농업 솔루션 분야의 선도 기업인 Bayer는 농업 특화 생성형 AI GenAI를 개발해 테스트 중이다. 사용자가 작물 상태, 재배 환경, 관리 과정 등에 관한 질문을 입력하면, GenAI는 Bayer가 보유한 방대한 농업 연구 데이터베이스와 현장 운영 경험을 기반으로 최적의 재배 관리 정보를 즉시 제공한다.

비록 현재는 초기 단계이지만, 이러한 시스템은 재배 계획 → 현장 적용 → 반응 관측 → 데이터 축적 → 계획 개선의 반복 과정을 자동화하고 고도화함으로써, 시간이 지날수록 더 정교하고 신뢰도 높은 재배 솔루션을 제안할 수 있게 될 것으로 기대된다. 이와 같이 생성형 AI는 농업 의사결정 과정 전반에 걸쳐 개발-학습-개선의 순환 구조를 가속화하는 촉매제로 작용하며, 향후 농업 현장의 경험 격차를 줄이고 재배 효율 및 생산성을 한층 더 끌어올리는 역할을 수행할 것이다.

스마트팜 사업화 사례

Growing Underground: 지하 농원

영국에서는 최근 몇 년 동안 대형 창고는 물론, 지하 공간이나 건물 옥상 등 예상치 못한 장소에서 채소를 재배하는 시도가 활발해지고 있다. 그 대표적인 사례가 런던 도심에서 차로 15분 거리인 클래펌 지역에 위치한 'Growing Underground' 지하 농원이다.

이곳은 제2차 세계대전 당시 방공호로 사용되던 지하 공간을 첨단 농장으로 탈바꿈시켜 수직 농법(Vertical Forming)을 기반으로 한 수경재배로 변경하였다. 흙이나 햇빛, 농약 없이 오직 LED 조명과 영양분을 머금은 재활용 카펫을 활용하며, 물도 순환 시스템을 통해 70% 이상 절약했다.

트레이를 층층이 쌓아 공간을 극대화한 덕분에 사계절 내내 신선한 마이크로 그린을 생산할 수 있어, 도심 속 식량 문제 해결에 새로운 가능성을 보여 주고 있다.

Growing Underground의 내부 모습

도시농업은 기존 농업과 경쟁하는 개념이 아니라, 식량 생산 시스템을 더욱 강하게 만드는 촉매제에 가깝다. 특히 공간이 제한된 도시에 적합한 수직 농법은 넓은 재배 면적이 필요한 곡물보다는 소량으로도 높은 수익을 낼 수 있는 마이크로 그린 재배에 강점을 가진다.

최근 전통 농가에서도 새로운 농업 기술과 방식에 관심을 보이며, 다양한 농업 스타일이 함께 공존하는 시대가 빠르게 열리고 있다. 영국 정부는 2025년까지 식량 자급률을 두 배로 높이겠다는 목표를 추진 중이며, 이는 도시농업의 역할이 더욱 중요해지고 있다는 방증이다.

지속 가능 발전 목표, 푸드 마일리지 감소, 지산지소(지역 생산·지역소비) 관점에서도 도시농업은 주목할 만한 해법으로 떠오르고 있다. 이러한 변화는 미래 도시형 농업이 하나의 성공적 산업 모델로 자리 잡을 수 있음을 보여 준다.

브루클린 그레인지: 도심 속 지속 가능 농업의 촉매제

뉴욕의 브루클린 그레인지(Brooklyn Grange)는 2010년, 벤 플래너가 도시에서 지속 가능한 식량 생산을 직접 체험할 수 있는 공간을 만들겠다는 목표로 시작한 프로젝트다. 현재 뉴욕시 내 세 곳의 옥상에서 농원을 운영하며, 총 1.2만㎡ 규모의 면적에서 매년 약 4.5톤에 달하는 유기농 채소를 생산한다. 이 채소들은 브루클린과 퀸즈의 파머스 마켓과 레스토랑으로 공급되며, 도시 식문화를 변화시키는 중요한 역할을 하고 있다.

이 옥상 농원은 단순한 생산 시설이 아니다. 소비자와 셰프들이 농장을 직접 방문해 방금 수확한 작물의 신선함을 확인하며, 도시민이 농업의 가치에 다시 연결되는 도심 속 촉매제이기도 하다.

운영 방식 또한 환경 친화적이다. 꿀벌을 활용한 자연 수분, 버섯과 말

분뇨를 기반으로 한 퇴비, 해충 방제에 곤충을 이용하는 방식까지 모든 공정에서 유기농 원칙을 고수한다. 또한 옥상의 단열 효과와 태양광 활용은 건물의 에너지 효율을 높이고, 비가 올 때 배수 시스템의 부담을 줄인다. 도시 환경을 개선하는 데 기여하는 셈이다.

무려 800톤의 흙이 운반된 6,000㎡ 규모의 옥상은 일반 농기계도 활용할 수 있어 생산 효율이 높고, 약 50종의 고수익 작물을 집중 재배함으로써 도시형 농업의 경제성까지 입증한다. 여기에 멤버십 제도를 운영해 제철 작물을 소비자가 바로 받아볼 수 있는 시스템을 구축하며, 생산과 소비가 더욱 가깝게 연결된 새로운 시장을 만들어 내고 있다.

브루클린 그레인지는 도심 속 자투리 공간이 식량 생산의 거점으로 변할 수 있음을 보여 주는 대표 사례다. 환경과 지역 경제를 동시에 살리는 도시농업의 가능성을 넓히며, 미래 농업 혁신을 촉발하는 지속 가능한 변화의 촉매로 주목받고 있다.

브루클린 그레인지(BROOKLYN GRANGE)

브루클린 그레인지는 단순히 농산물을 재배하는 데 그치지 않는다. 1년 내내 양봉이나 도시형 농장 만들기와 같은 워크숍을 운영하며, 농업 지식을 확산시키는 교육의 촉매제 역할도 수행한다. 이런 활동은 겨울철에 감소하는 수확량을 보완하는 수익원으로도 기능해, 지속 가능한 경영 모델을 만들어 가고 있다.

농장에서 쌓은 경험은 또 다른 사업으로 확장되고 있다. 도시농업 관련 컨설팅을 진행하여 전체 수익의 절반을 차지할 정도로 성장한 것이다. 창립자 벤 플래너는 지속 가능한 식량 생산이 지속 가능한 비즈니스 전략과 함께 갈 때 비로소 힘을 발휘할 수 있다고 강조하며, 이념과 수익의 균형을 매일 고민하고 있다.

이들은 도시 옥상이라는 공간이 가진 감성과 매력도 적극적으로 활용한다. 맨해튼 스카이라인을 배경으로 열린 디너 파티, 결혼식, 요가 모임 등은 시민들에게 특별한 경험을 선사한다. 도시인들이 자연과 다시 친해지고, 환경을 생각하는 문화의 촉매제가 되는 순간이다.

무엇보다도 브루클린 그레인지의 옥상 정원은 도시 환경에 직접적인 긍정 효과를 가져온다. 매년 약 1,900리터의 빗물을 흡수해 도시 배수 시스템의 부담을 줄이고, 건물의 냉난방 에너지를 절약하며, 도시 열섬 현상을 완화한다. 또한 다양한 새와 곤충이 다시 도시에 깃들게 하며, 잊혀진 생태적 연결을 되살리고 있다.

도시 위의 작은 농장이지만, 브루클린 그레인지는 환경, 경제, 문화 모두에 변화를 촉발하는 도시 혁신의 촉매제로 자리 잡고 있다.

어반 파밍 오피스: 수직 농업으로 도시를 치유하는 촉매제

베트남의 하노이와 호찌민을 거점으로 활동하는 VTN 아키텍츠는 급속한 도시화로 녹지가 사라져 가는 현실을 해결하고자, 자사 사무실 자체를 수직 농업 시스템으로 설계한 독창적인 프로젝트를 선보였다. 이 공간은 식량을 스스로 재배하고 소비까지 연결하는 실험실이자, 도시 속에 녹색을 다시 불어넣는 지속 가능한 미래의 촉매제 역할을 목표로 한다.

오피스 건물은 콘크리트 구조체에 철제 지지대를 더한 단순한 골조 위에, 교체 가능한 모듈형 플랜터 박스를 수직으로 설치하는 방식으로 구성된다. 플랜터 박스는 필요에 따라 자유롭게 배치와 교체가 가능해, 계절과 생육 상태에 따라 유연하게 대응할 수 있다. 정면에서 바라보면 마치 건물에 초록빛 정원이 매달려 있는 듯한 모습으로, 식물들이 햇빛을 충분히 받을 수 있도록 배려된 디자인이다.

이 오피스는 단순한 업무 공간이 아니다. 직원들은 일상 속에서 직접 가꾸고 재배하며, 자연과의 연결을 회복한다. 도시민에게는 안전한 식재료

베트남 어반 파밍 오피스
(출처: https://vtnarchitects.net/)

의 중요성과 도시농업의 가치를 보여 주는 생활 속 교육의 촉매제가 된다. 무채색의 도시 풍경 속에서 어반 파밍 오피스는 작은 수직 농장이 어떻게 도시를 더 건강하고 지속 가능하게 바꿀 수 있는지 증명하는 하나의 모델이다. 즉 작은 변화를 시작점으로 삼아, 더 큰 도시 생태계 개선을 촉발하고 있는 것이다.

어반 파밍 오피스는 단순히 식물을 키우는 공간이 아니다. 건물 전체가 환경을 회복시키는 촉매제로 기능하도록 설계되었다. 외벽의 식물은 직사광선을 차단해 내부를 쾌적한 미세 기후로 유지하고, 공기 속 미세 오염물질을 흡수해 자연 필터 역할을 한다. 또한 비를 모아 관개 시스템에 활용하는 과정에서 발생하는 기화열이 공기를 냉각하는 효과를 만들어 낸다.

구조 설계에서도 지속가능성을 고려했다. 북측 벽은 향후 증축을 대비해 견고하게 설계되었고, 자연 환기를 돕는 작은 개구부를 두어 공기 흐름을 개선했다. 벽돌을 이중으로 쌓아 단열 성능을 강화함으로써, 에어컨 사용을 줄이고 에너지 소비를 크게 낮추는 구조이다.

이 오피스는 옥상과 지상 모두에 녹지를 확장해 부지 면적 대비 190%의 녹지화율을 달성했으며, 매년 약 1.1톤의 수확량을 생산한다. 여기서 자라는 채소, 허브, 과수들은 지역에서 유통되는 안전한 먹거리로 이어지고, 유기재배 방식 덕분에 도시 생태계의 생물다양성 회복에도 기여한다.

어반 파밍 오피스는 일터, 농장, 환경 개선 시설이라는 세 가지 역할을 하나의 공간에서 수행하며, 도시가 자연을 되찾는 미래를 앞당기는 도시 혁신의 촉매제가 되고 있다.

Gotham Greens: 도심 식량 혁신의 촉매제

고담 그린스(Gotham Greens)사는 2009년 설립 이후, 미국 전역에서 지속 가능한 수경재배 온실을 운영하며 도시 식량 시스템에 새로운 변화를 불러오고 있다. 2011년 브루클린 그린포인트에 첫 상업용 온실을 개설한 이후, 현재는 9개 주에 13개의 첨단 온실을 운영하며 총 약 16만㎡의 재배 공간에서 지역 사회에 신선한 채소를 공급하고 있다.

이 회사의 가장 큰 특징은 지역 기반, 환경 친화적 식량 공급이라는 점이다. 장거리 냉장 운송에 의존하지 않아 품질을 유지할 수 있고, 운송으로 발생하는 탄소 배출도 줄인다. 수경재배 방식을 적용해 물 사용량은 기존 농법 대비 95% 절감하고, 토지 사용량은 97% 절감하는 뛰어난 효율성을 달성했다. 이러한 시스템은 단순한 생산성을 넘어, 도시 식량 체계 전체를 지속 가능하게 만드는 촉매제 역할을 수행한다.

Gotham Greens의 온실은 데이터 기반 자동 제어 시스템을 갖추어 온도와 습도, 영양 상태를 실시간으로 관리한다. 이를 통해 1년 내내 안정적으로 신선한 농작물을 공급하며, 재배 전문가와 식품 안전 프로그램을 통해 영양과 품질을 보장한다. 직원들은 단순한 농업 노동자가 아니라, 첨단 기술과 데이터를 활용하는 도시 농업 전문가로 성장한다.

결국 Gotham Greens는 도심 속 작은 온실들을 통해, 환경 보호, 지역 경제 활성화, 식문화 혁신이라는 세 가지 영역에서 동시에 변화를 촉발하는 도시농업의 대표적 촉매제가 되고 있다. 이들의 모델은 미래 도시 식량 시스템의 새로운 표준을 제시하며, 미국 전역의 도시에서 지속 가능한 변화를 퍼뜨리는 역할을 하고 있다.

뉴욕의 Gotham Greens

 촉매 전략, 마케팅과 혁신의 융합

경영 혁신을 위한 리더십과 협업의 촉매제

촉매제로서의 리더십 역할

효과적인 리더십은 조직의 성장과 발전을 가속화하는 촉매제와 같다. 강력한 리더는 단순히 명령을 내리는 사람이 아니라, 조직의 방향을 설정하고 구성원에게 영감을 주며 중요한 결정을 내리고 변화를 주도하는 존재다. 이러한 리더십은 책임감 있는 문화를 조성하고, 구성원들에게 권한을 부여하며, 응집력 있고 성과 중심의 팀워크를 구축하는 기반이 된다.

리더십이 조직 성과에 기여하는 핵심 요소 중 하나는 비전 제시와 전략적 계획 수립이다. 명확하고 설득력 있는 비전은 조직이 나아갈 방향을 분명히 하고, 구성원들이 목표 달성을 향해 함께 나아가도록 하는 나침반 역할을 한다. 여기에 전략적 계획을 더하면 기회를 포착하고 조직의 성장을 촉진하는 구체적인 실행 지침이 마련된다.

다음으로 의사소통과 투명성은 리더십의 또 다른 촉매제이다. 개방적이고 투명한 소통은 신뢰와 협업을 증진시키고, 구성원들이 공통 목표를 향해 같은 방향으로 노력하도록 만드는 구심력 역할을 한다. 리더는 비전과 목표, 기대치를 명확하게 전달함으로써 조직 전체가 하나로 움직일 수 있게 한다.

또한 인재 개발과 권한 부여는 구성원 개개인의 성장뿐 아니라 조직 전체의 성장을 촉진한다. 효과적인 리더는 학습과 성장의 기회를 제공하고, 책임을 위임하며, 구성원들이 스스로 결정을 내리고 역량을 발휘할 수 있도록 지원한다. 이를 통해 개인과 조직 모두에서 성과가 가속화된다.

마지막으로 변화 관리는 현대 비즈니스 환경에서 필수적이다. 변화는 피할 수 없는 현실이며, 리더는 이를 효과적으로 탐색하고 구성원의 저항을 최소화하며 원활한 전환을 보장해야 한다. 변화의 필요성과 근거를 명확히 전달하고, 구성원에게 필요한 자원과 지원을 제공하며 진행 상황을 지속적으로 모니터링하는 것이 핵심이다.

결국, 이러한 리더십의 요소들은 조직 내외부의 다양한 활동과 과정을 촉진하는 촉매제 역할을 수행한다. 강력한 리더는 단순한 관리자를 넘어, 조직의 성장, 혁신, 성과 달성을 가속화하는 중심축이 되는 것이다.

촉매제로서의 리더십 역할

촉매제로서의 리더십 스타일과 핵심 자질

리더십 스타일은 조직의 가치, 산업, 상황에 따라 다양하게 나타난다. 그러나 성공적인 리더는 진실성, 탄력성, 공감, 그리고 다른 사람에게 영감을 주는 능력과 같은 핵심 자질을 반드시 갖추고 있다. 강력한 리더십 역량은 단순한 관리 기능을 넘어, 조직이 번영하고 지속적인 성장을 추구하도록 문화적 촉매제 역할을 한다.

관리자가 조직의 프로세스와 계획을 구축·운영하는 역할에 집중한다면, 리더는 사람들을 지휘하고 동기를 부여하며 목표 달성을 위해 팀을 조정한다. 리더는 실행의 달인일 뿐 아니라, 변화를 설계하고 촉발하는 혁신의 촉매제이기도 하다. 변화 없는 상태에 안주하지 않고, 틀에 박힌 사고를 깨며 공동의 목적을 중심으로 구성원들을 결집시키는 것이 바로 리더의 역할이다.

리더십은 업무 공간에만 존재하지 않는다. 일상 속에서도 무수히 많은 기회를 통해 리더십 기술을 연습하고 연마할 수 있다. 커뮤니티에서 솔선수범하거나 프로젝트 자원봉사, 주변 사람들의 역할 모델이 되는 것 등, 모든 상호작용은 리더십의 실습장이자 다른 사람의 잠재력을 발현하도록 영감을 주는 기회가 된다.

이러한 기회를 효과적으로 활용하기 위한 핵심 방법은 다음과 같다.

첫째, 커뮤니케이션을 청중에 맞추고 그들의 관점을 이해하며 공감하는 것이다. 둘째, 지식과 경험을 공유하여 개인적·직업적 특성을 존중하고 이해한다. 셋째, 프로젝트나 조직 내에서 리더 역할을 맡아 관심 있는 일에 시간과 에너지를 투자하고, 신뢰할 수 있는 모습과 약속을 지키는 태도를 보여 주는 것이다. 넷째, 다양한 관점과 경험을 존중하고, 가정·이웃·일터에서 포용적인 환경을 조성하며, 자신의 행동과 그 결과에 책임을 지는 모습을 실천하는 것이다.

결국, 이러한 리더십 실천은 조직과 공동체 내에서 변화를 촉진하는 촉매제로 작용한다. 한 사람의 행동과 태도가 다른 사람에게 영향을 미치고, 팀과 조직 전체의 성장과 혁신을 가속화하는 것이다.

훌륭한 리더를 위한 촉매제

효과적인 리더는 전략적 사고와 소프트 스킬을 결합한 독특한 하드 스킬과 소프트 스킬의 조합을 갖추고 있다. 의사결정 능력, 원활한 의사소통, 공감, 협업 능력은 단순한 업무 수행을 넘어, 경력 개발과 승진, 견고한 관계 구축, 혁신 촉진, 조직의 성공을 이끄는 핵심 촉매제 요소로 작용한다.

리더십 기술을 개발하면 여러 가지 실질적 혜택을 얻을 수 있다. 우선, 리더는 복잡한 과제를 탐색하고 신속히 결정을 내려 문제 해결 능력을 향상시킨다. 또한 정보를 분석하고 다양한 옵션을 검토하며, 조직이나 프로젝트에 가장 적합한 전략적 선택을 내리는 능력을 갖추게 된다. 이런 과정에서 리더는 진행과 성장을 촉진하는 촉매제로 기능하며, 혁신적인 솔루션을 구현하고 팀원들이 지속적으로 개선하도록 영감을 준다.

개인적 성장 측면에서도 리더십 기술의 배양은 중요한 의미를 가진다. 전문적 영역을 넘어 삶의 모든 측면에서 자신감, 공감, 의사소통 능력을 높이고, 주변 사람들과의 상호작용을 더 효과적으로 이끌어갈 수 있게 한다. 즉, 리더십 기술은 조직과 개인 모두에 긍정적 변화를 촉발하는 지속 가능한 성장의 촉매제인 셈이다.

촉매제로서의 훌륭한 리더

리더십 기술의 향상과 개발 방법

위대한 리더는 배움을 멈추지 않는다. 지식과 영감의 추구는 리더십의 핵심 촉매제 중 하나다. 훌륭한 리더가 되고 싶다면 책과 기사, 리더십 강좌에 참여하며 끊임없이 새로운 정보를 흡수해야 한다. 안전지대를 벗어나 새로운 도전과 경험을 추구하고, 워크숍과 세미나에 참석하여 학습 기회를 넓히고 다른 리더들과 연결하며 방법과 통찰을 공유하는 과정은 리더 자신뿐 아니라 팀 전체에 긍정적인 영향을 미친다.

이러한 지속적인 학습은 커뮤니케이션과 대인관계 기술을 연마하게 하며, 설득과 영향력을 발휘하고, 주의 깊고 깊이 있는 경청 능력을 강화한다. 결과적으로 다른 사람의 의견을 정확히 이해하고 명확한 질문을 통해 조직 내 소통과 협력을 촉진할 수 있게 된다.

두 번째로 중요한 촉매제는 권한 부여와 위임이다. 마이크로 관리는 훌륭한 리더십의 정반대다. 구성원을 신뢰하고 작업을 효과적으로 위임하며 자율성을 부여할 때, 팀원들은 성장하고 조직 내에서 번창할 수 있다.

또한 구성원들의 학습과 기술 향상을 장려함으로써 조직 전체의 성장을 촉진하고 동기를 부여하며, 신뢰와 협업 기반을 강화하여 조직적 리더십을 한층 높일 수 있다.

마지막으로, 창의성과 혁신적 사고의 육성은 미래 지향적 리더의 또 다른 촉매제이다. 틀에 박힌 사고를 벗어나 새로운 아이디어를 수용하고 장려하는 환경을 만들 때, 구성원들은 새로운 기회를 발견하고 개발할 수 있는 능력을 갖추게 된다. 창의성을 지지하는 리더는 팀원들에게 영감을 주고, 구성원들이 독창적인 관점을 제공하도록 동기를 부여하며 조직 전체에 활기를 불어넣는다. 이러한 리더의 태도는 단순한 지시를 넘어, 조직 내 혁신과 성장을 촉발하는 촉매제 역할을 수행한다.

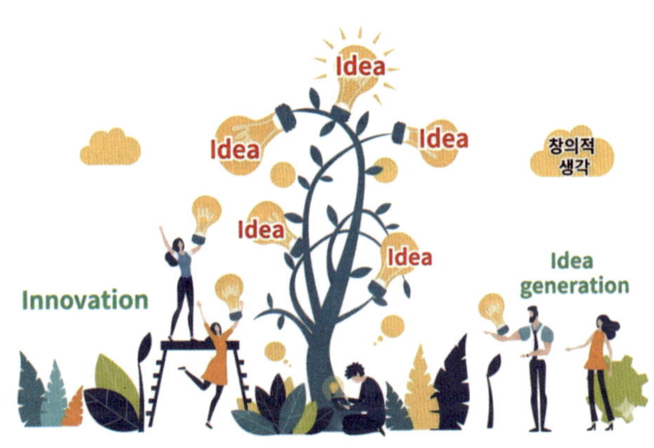

창의성과 혁신적 사고

리더십 촉매제: 창의성과 혁신을 키우는 방법

리더는 조직 내에서 창의성과 혁신을 촉진하는 촉매제 역할을 한다. 이를 위해 먼저, 구성원들이 자유롭게 아이디어를 표현하고 현 상태에 도전할 수 있는 심리적 안전 공간을 조성해야 한다. 새로운 관점과 접근 방식을 적극적으로 수용하고 다양한 아이디어를 존중함으로써, 조직은 더 혁신적이고 역동적인 환경으로 성장할 수 있다.

효과적인 방법 중 하나는 마인드맵 활용이다. 마인드맵은 복잡한 목표를 시각적으로 정리하고 브레인스토밍을 촉진하며, 작업의 우선순위를 설정하고 커뮤니케이션을 간소화하는 데 도움을 준다. 또한 단계별 프로젝트 워크플로우를 만들고 의존성을 연결하며 작업을 관리할 수 있도록 지원하여, 효율적이고 유연한 리더십 계획 수립을 가능하게 한다.

다음으로, 경직성을 버리고 유연성을 수용하는 것이 중요하다. 완벽주의는 종종 진행을 방해하지만, 성공적인 리더는 실수를 학습 기회로 받아들이고 변화하는 상황에 민첩하게 적응한다. 성장 마인드를 갖고 좌절에서 배우며 접근 방식을 조정하는 유연성은 회복탄력성과 지속적 학습을 촉진하는 핵심 리더십 스킬이다. 또한, 민첩성과 위험 관리 능력을 연마하는 데에도 큰 도움을 준다.

마지막으로, 리더는 선견지명과 결단력을 발휘해야 한다. 당장 눈앞에 보이는 문제를 넘어 잠재적 상황을 예측하고 시나리오를 준비하며 데이터를 분석한다. 결정이 내려지면 자신감 있게 실행하고 결과에 책임을 지는 모습을 보여, 구성원들에게 신뢰와 확신을 전달한다. 선제적 사고는 조직이 장기적으로 성공할 수 있는 기반을 마련하며, 비전과 계획, 의사결정 능력을 강화하여 끊임없이 변화하는 환경 속에서도 조직과 팀의 성장을 촉진하는 촉매제 역할을 한다.

협업과 팀워크 문화: 조직 성장의 촉매제

협업과 팀워크는 단순한 조직 활동을 넘어 비즈니스 개발과 성장을 촉진하는 촉매제 역할을 한다. 구성원들이 공통의 목표를 향해 함께 일할 때, 생산성과 혁신은 자연스럽게 꽃피게 된다. 협업 문화는 창의성, 문제 해결 능력, 주인의식을 강화하여 구성원들의 참여도와 의욕을 극대화한다.

기업이 이러한 문화를 조성하는 핵심 방법은 먼저 공유 비전과 공통 목표를 중심으로 구성원을 조정하는 것이다. 구성원들이 자신의 개인적 기여가 조직의 전반적인 성공에 어떻게 연결되는지 이해하면, 목표 달성을 위해 자발적으로 협력하게 된다. 또한, 효과적인 의사소통 채널과 투명한 조직 문화는 협업을 촉진한다. 리더는 열린 대화를 장려하고 피드백과 인정을 제공하며, 부서 간 정보가 자유롭게 흐르도록 만들어야 한다.

다기능 조직을 구성하면 다양한 기술과 관점을 가진 사람들이 모여 혁신을 촉진할 수 있다. 획일화된 문화를 허물고 지식 공유를 장려함으로써 조직은 구성원들의 집단 지성을 최대한 활용할 수 있다. 이를 위해 협업 도구, 프로젝트 관리 소프트웨어, 커뮤니케이션 플랫폼을 구현하면 원격 혹은 지리적으로 분산된 조직에서도 효율적 협업과 팀워크를 강화할 수 있다. 이러한 도구는 정보 공유, 공동 작업, 진행 상황 추적을 중앙화하여 팀이 효과적으로 움직이도록 돕는다.

협업 문화를 성공적으로 조성하려면 팀워크를 장려하고 다양한 관점을 존중하며, 소속감을 고취하는 지원적 리더십이 필요하다. 협업과 팀워크를 우선시하는 조직은 구성원들의 집단적 강점을 활용하여 혁신을 이끌고 지속 가능한 성장을 달성할 수 있다. 또한, 개인과 조직의 성과를 공개적으로 인정하고 축하함으로써 소유권을 공유하는 문화를 만들 수 있다. 이러한 긍정적 환경은 자신감을 높이고 조직의 사기를 강화하며 더 큰 참여와 성공을 촉진한다.

효과적인 리더는 미래 비전에 대한 명확한 방향 제시를 통해 구성원들이 자신의 기여가 전체 목표에 어떤 영향을 미치는지 이해하도록 안내한다. 비전을 공유하면 열린 소통, 동기 부여, 공동 목적 달성이 촉진된다. 모든 것을 혼자 해결할 필요는 없다. 지원 네트워크를 구축하고 필요한 도움을 요청하는 것 역시, 리더십 신뢰를 높이고 조직의 성장을 촉발하는 중요한 촉매제 역할을 한다.

협업과 팀워크의 문화 조성

친환경 마케팅을 이용한 지속 가능한 성장

친환경 마케팅: 지속 가능한 소비를 촉진하는 촉매제

친환경 마케팅(Green Marketing)은 기업이 지구 환경 보호를 고려한 제품과 서비스를 개발하고, 이를 기반으로 한 마케팅 활동을 통해 지속 가능한 소비 문화를 확산시키는 전략이다. 기업은 환경 보호를 위한 노력을 강조하고 소비자가 친환경 제품을 구매하도록 유도함으로써, 환경적 이익과 경제적 이익을 동시에 추구할 수 있다. 제품의 생산, 사용, 폐기 과정에서 환경에 미치는 영향을 최소화하고, 이를 적극적으로 알리는 활동은 친환경 마케팅을 조직과 사회에 변화를 촉발하는 촉매제로 만든다.

기업은 에너지 효율이 높은 제품, 재활용 가능한 소재를 사용한 제품, 혹은 친환경 공정을 거친 제품을 개발·판매하며, 광고와 포장, 프로모션을 통해 환경 메시지를 전달한다. 소비자 개개인이 중요시하는 가치를 반영함으로써, 브랜드와 소비자의 가치가 일치하는 경험을 제공하는 것이다. 연구에 따르면, 인터넷 사용자들이 제품이나 서비스를 선택하는 주요 요인 중 하나는 브랜드 가치가 자신의 가치와 일치하는지 여부이다. 환경에 대한 관심이 그 어느 때보다 높은 현대 사회에서, 친환경 마케팅은 브랜드 형성과 소비자의 구매 결정에 핵심 기준으로 자리 잡고 있다.

또한, 그린슈머(Green Consumer)의 등장은 기업 경영에 큰 변화를 가져왔다. 미국의 시빅사이언스(CivicScience)에 따르면, 미국 청년층의 소비자들은 '지속 가능한 실천'을 매우 중요하게 여겼으며, 가격보다 환경을 고려한 소비에서 만족감을 얻는 경향이 뚜렷한 것으로 조사되었다. 이에 따라 기업들은 친환경 제품 생산을 통해 소비자의 요구를 충족시키고, 고객 충성도를 강화하며 지속 가능한 브랜드 이미지를 구축하고 있다.

국내외 사례도 다양하다. 이마트는 온라인 쇼핑몰 배송 시 친환경 포장재와 아이스팩을 사용하고, 포장재 반납 시 무료 장바구니를 제공하는 캠페인을 시행했다. 오프라인 매장에서도 컵 보증금 제도와 빨대 없는 컵 뚜껑 도입 등, 소비자가 다소 불편하더라도 친환경 전략을 적용하여 브랜드 평판을 높이고 있다. 화장품 기업 톤28은 용기를 종이로 제작하여 'Less Plastic'을 실천하며, UN 글로벌 지속 가능 브랜드 30에 선정되기도 했다. 스위스 의류 기업 프라이탁은 트럭 방수포, 자전거 폐타이어, 자동차 안전띠 등을 재활용하여 의류와 가방을 제작하고, 모든 제품이 세상에서 유일하다는 점을 강조함으로써 소비자의 구매욕을 자극했다.

이처럼 친환경 마케팅은 단순한 제품 홍보를 넘어 소비자 행동과 사회적 가치를 변화시키는 촉매제 역할을 한다. 기업과 소비자가 함께 지속 가능한 선택을 실천함으로써, 환경 보호와 경제적 성장을 동시에 추구할 수 있는 선순환 구조를 만들어 내는 것이다.

그린 마케팅 이미지

그린 마케팅 실행 방법: 지속 가능성을 촉진하는 촉매제

현대 사회에서 소비자들의 기후 위기와 환경 보호에 대한 인식은 점점 높아지고 있으며, 이에 발맞춰 기업들은 지속 가능성과 친환경 가치를 추구하고 있다. 소비자는 단순히 친환경 제품을 구매하는 것에 그치지 않고, 그 제품을 만드는 기업이 추구하는 진정한 가치에도 주목한다. 따라서 기업의 친환경 노력 자체는 소비자의 신뢰와 충성도를 구축하는 촉매제 역할을 한다.

그린 마케팅은 환경 보호, 지속 가능성, 자연에 대한 책임감을 강조하는 마케팅 전략과 활동을 의미한다. 즉, 기업이 제품이나 서비스를 홍보할 때 친환경적 특성과 이점을 강조하는 것이다. 대표적인 활동으로는 환경 친화적 제품 개발, 지속 가능한 패키징, 소셜 미디어를 활용한 친환경 캠페인, 친환경 브랜드 이미지 구축 등이 있다.

이를 촉매제로 활용하기 위해 기업은 먼저 제품 및 서비스 개발 단계에서 친환경 소재를 사용하거나 재활용 가능한 재료를 적용하고, 에너지 효율이 높은 제품과 저탄소 배출 제품을 설계하며, 환경 부담이 적은 생산 공정을 도입해야 한다. 포장재 역시 최소화하고 재활용이 가능한 소재를 사용하여 친환경 메시지를 전달하며, 캠페인을 통해 소비자의 참여를 유도하는 것이 중요하다.

홍보 측면에서는 소셜 미디어, 블로그, 유튜브 등을 활용하여 친환경 제품과 캠페인 내용을 공유하고, 친환경 콘텐츠를 제작하여 소비자에게 알린다. 오프라인에서는 친환경 제품을 판매하는 매장, 친환경 테마 공간, 친환경 행사나 이벤트 등을 통해 소비자와 직접 소통할 수 있다. 무엇보다 중요한 것은 투명성과 진정성이다. 친환경 활동과 성과를 투명하게 공개하고, 소비자가 신뢰할 수 있는 메시지를 전달해야 시장에서 공감을 얻을 수 있다.

하지만 그린 마케팅에는 위험 요소도 존재한다. 공급망에 대한 이해 부족, 대비 미흡, 규정 인식 부족 등으로 인해 그린워싱(Greenwashing)이 발생할 수 있다. 이는 실제로는 친환경적이지 않음에도 불구하고 소비자의 관심을 끌기 위해 제품을 친환경적이라고 허위 혹은 근거 없이 주장하는 행위다. 진정성과 투명성이 결여된 마케팅은 소비자와 쌓은 신뢰를 무너뜨리므로 반드시 피해야 한다.

이처럼, 그린 마케팅은 단순한 홍보 활동을 넘어 환경적 가치와 경제적 이익을 동시에 창출하며, 소비자와 사회 전반에 긍정적 변화를 촉발하는 촉매제가 될 수 있다.

그린 마케팅의 촉매제 역할: 소비와 브랜드 신뢰 구축

지속 가능한 소비를 추구하는 소비자들이 점점 늘어나고 있다. 특히 젊은 세대는 환경 문제에 대한 인식이 높으며, 자신이 구매하는 제품이 환경에 미치는 영향을 중요하게 고려한다. 이런 변화는 기업에게 그린 마케팅이 소비자와 감성적으로 연결되는 중요한 전략임을 보여 준다. 브랜드 가치와 환경 보호가 연결될 때, 소비자들은 기업을 신뢰하며 장기적인 충성도를 형성하게 된다.

기업은 지속적인 생존과 성장을 위해 브랜드 이미지를 강화해야 한다. 환경을 고려한 마케팅 전략은 소비자들에게 긍정적인 이미지를 심어 주고, 브랜드를 지속 가능한 기업으로 인식하게 만든다. 예를 들어, 재활용 가능한 포장을 사용하거나 탄소 배출을 최소화하려는 노력을 공개하는 것만으로도, 소비자들은 해당 브랜드를 신뢰하며 선택할 가능성이 높아진다.

이러한 전략은 단기적인 매출 증가뿐 아니라 장기적으로 브랜드 신뢰도와 충성도를 높이는 촉매제 역할을 한다. 파타고니아(Patagonia)와 같은 브랜드는 환경 보호와 지속 가능성을 중심으로 브랜드 메시지를 전달하며, 소비자들에게 깊은 인상을 남겨 높은 가격에도 불구하고 선택을 받는 사례를 보여 준다.

그린 마케팅은 기존 시장에서의 차별화를 넘어 새로운 시장 창출의 기회도 제공한다. 친환경 제품에 대한 소비자의 수요가 증가함에 따라, 기업은 새로운 제품 라인을 개발하거나 기존 제품을 환경 친화적으로 개선하여 새로운 시장을 공략할 수 있다. 전기차, 비건 제품, 재활용 소재를 활용한 패션 아이템 등이 대표적 예다.

장기적으로는 비용 절감 효과도 기대할 수 있다. 에너지 효율을 높이고 자원을 절약하는 생산 방식을 채택하면 에너지 비용을 줄일 수 있고, 재활용 가능한 포장재와 지속 가능한 소재 사용을 통해 원자재 비용도 절감할 수 있다. 이처럼 그린 마케팅은 환경 보호와 경제적 이익을 동시에 달성하며, 소비자 신뢰와 시장 성장을 촉발하는 촉매제 역할을 수행한다.

그린 마케팅의 성공 사례

브랜드 가치와 소비자 충성도 향상의 촉매제

전기자동차는 지속 가능한 에너지와 자동차 산업의 혁신을 연결하는 대표적인 브랜드 사례다. 전기자동차 기업들은 환경 친화적인 차량을 생산하며, 친환경 운송수단이라는 이미지를 강화하고, 기술 혁신을 선도하는 기업으로 자리매김했다. 이러한 브랜드 가치는 친환경적 소비를 중시하는 소비자들에게 깊은 인상을 남기며, 전 세계적으로 큰 인기를 끌고 있다. 전기자동차 기업의 노력은 단순한 제품 판매를 넘어 지속 가능한 소비 문화를 촉진하는 촉매제 역할을 하고 있다.

스타벅스 역시 장기적인 친환경 전략을 통해 브랜드 충성도를 강화한 사례다. 스타벅스는 C.A.F.E Practice라는 친환경 원두 구매 가이드라인을 통해 커피 원산지의 환경을 보호하고, 사회·경제적 여건을 개선하며, 최상질의 원두를 안정적으로 공급받기 위해 전 세계 커피 농가와 30년 이상 협력 관계를 유지해 왔다.

또한, 스타벅스는 일상적 제품에서도 친환경 활동을 적극적으로 실천한다. 2018년에는 전국 매장에 종이 빨대와 나무 스틱을 도입하고, 빨대 없이 음료를 마실 수 있는 아이스컵 뚜껑을 제공하며, 비닐 포장재를 친환경 소재로 변경하였다. 다회용컵 이용 고객에게 할인이나 에코별을 제공하여 소비자가 지속적으로 친환경 선택을 실천하도록 장려했다.

그뿐만 아니라, 스타벅스 코리아는 2010년부터 지구촌 기후 변화 대응 캠페인인 'Earth Hour'에 참여하여, 영업 시간 동안 매장 조명을 최소화하고 고객을 초청해 환경 관련 세미나를 진행하며, 작은 힘을 모아 큰 변화를 만드는 실천을 보여 주었다. 이러한 일련의 친환경 활동은 브랜드 충성도를 높이고, 소비자들의 지속적 재방문을 유도하며, 스타벅스가 시장 점유율 1위를 유지하는 기반이 되었다.

이처럼 전기자동차와 스타벅스의 친환경 전략은 단순한 기업 활동을 넘어 소비자 행동과 브랜드 신뢰를 촉발하는 강력한 촉매제로 작용하며, 지속 가능한 소비와 긍정적 사회적 변화를 동시에 만들어 내고 있다.

스타벅스 전등 끄기 캠페인 'Earth Hour'

매일유업의 친환경 패키징: 소비자 참여를 촉발하는 촉매제

매일유업은 소비자의 의견을 반영해 빨대를 제거한 멸균우유 '매일우유 빨대뺐소'를 출시했다. 멸균팩 날개에는 가위로 쉽게 자를 수 있는 절취선을 넣어, 빨대 없이도 간편하게 마실 수 있도록 설계했다. 이와 함께, 소화가 잘되는 우유와 매일두유 등 대표 제품들의 종이 멸균팩 사용을 확대하고, 소비자들에게 올바른 분리배출 방법을 안내함으로써, 친환경 소비 참여를 촉진했다.

기존 PET 용기를 사용하던 슬로우 밀크 제품은 종이 재질의 후레쉬팩으로 전환하였고, 다른 제품들도 패키지를 경량화해 플라스틱 사용량을 대폭 줄이는 등 지속적인 개선 노력을 이어 갔다. 이러한 변화는 연간 약 1,287톤의 온실가스 배출 저감 효과를 기대할 수 있으며, 이는 30년생 소나무 약 19만 5,348그루를 심는 것과 맞먹는 환경적 가치를 만들어 낸다.

매일유업의 사례는 단순한 제품 개선을 넘어, 소비자가 환경 친화적 선택을 실천하도록 유도하는 촉매제 역할을 수행한다. 소비자의 의견을 반영하고, 친환경 행동을 쉽게 실천할 수 있도록 설계함으로써, 기업과 소비자가 함께 지속 가능한 소비 문화를 만들어 가는 중요한 전략적 접근이라 할 수 있다.

그린워싱: 친환경 마케팅 실패와 그 영향

기업의 그린 마케팅 실패 사례 중 가장 흔한 유형은 그린워싱(Green washing)이다. 이는 기업이 친환경적인 것처럼 포장하면서 실제로는 환경에 기여하지 못하는 행위를 말한다. 그린워싱은 소비자를 혼란스럽게 하고, 친환경 제품에 대한 신뢰를 떨어뜨리며, 시장 질서를 교란하여 사회적·경제적 손실을 초래한다. 특히, 소비자들이 실제로 친환경 제품을 올바르게 판단하기 어렵게 만들고, 신뢰도를 떨어뜨려 장기적인 시장 성장을 저해하는 것이 가장 큰 문제이다.

대표적인 그린워싱 사례로는 폭스바겐의 배출가스 조작 사건, 올버즈

(Allbirds)의 품질 문제, 스타벅스 리유저블 컵 캠페인 논란, H&M 친환경 라인 관련 소송 등이 있다. 2015년 폭스바겐은 디젤 차량의 배출가스 데이터를 조작하여 친환경 차량인 것처럼 광고했으며, 그 결과 막대한 벌금과 법적 합의금, 대기 오염 문제, 규제 반향 등 사회적 비용을 초래했다.

국내 사례로 SK엔무브는 저점도 엔진오일을 내세운 탄소중립 윤활유 광고로 그린워싱 논란을 빚었고, 결국 제품 광고와 판매를 중단하며 환경부의 행정지도 조치를 받았다. 올버즈는 친환경 재료를 강조했지만, 품질 문제로 소비자 불만이 발생했다. 스타벅스 역시 리유저블 컵 캠페인을 통해 친환경 이미지를 구축하려 했으나, 대량 생산과 재사용 가능성의 한계로 비판을 받았다.

그린워싱 문제를 해결하기 위해서는 규제와 소비자의 역할이 촉매제가 된다. 정부는 기업이 친환경 주장을 할 때 명확한 근거를 제시하도록 요구하고, 허위 광고에 대해 강력한 제재를 시행해야 한다. 주요 선진국들은 이미 친환경 정보 표시 지침을 마련하여 그린워싱을 관리하고 있다. 동시에 소비자들은 그린워싱을 인식하고 올바른 구매 결정을 내릴 수 있는 능력을 갖추어야 한다. 소비자가 올바른 평가를 할 수 있도록 정보를 제공하고 교육하는 과정 자체가, 친환경 시장의 질서를 유지하고 기업의 책임감을 촉진하는 중요한 촉매제 역할을 한다.

결국, 기업은 친환경 마케팅에서 진실성과 투명성을 유지함으로써 신뢰 기반의 지속 가능한 경영을 실현할 수 있으며, 이는 장기적으로 브랜드 가치와 시장 성장에 긍정적인 영향을 미친다. 그린워싱은 단순한 마케팅 실패가 아니라, 기업과 소비자가 함께 대응해야 하는 환경적·사회적 촉매제 문제라고 할 수 있다.

그린 마케팅의 지속 가능한 미래

2025년 이후, 지속 가능한 경영은 기업의 핵심 가치로 자리 잡을 전망이다. 소비자들의 환경에 대한 관심이 날로 높아지고 있으며, 기업들은 강화되는 환경 규제를 준수해야 하는 시대가 도래하고 있다. 이러한 흐름 속에서 그린 마케팅은 선택이 아닌 필수 전략으로 부상하고 있으며, 기업 성장과 브랜드 경쟁력을 강화하는 중요한 촉매제 역할을 한다.

탄소 배출 절감, 재활용 소재 사용, 지속 가능한 생산 방식 등은 단순한 환경보호 활동을 넘어 기업의 장기적 경쟁력을 결정짓는 요소가 되고 있다. 그린 마케팅을 통해 기업은 브랜드 이미지를 높이고, 소비자 신뢰를 구축하며, 시장에서 지속 가능한 성장을 이끌 수 있다. 특히 소비자들은 단순히 친환경 제품을 구매하는 것에서 나아가, 기업이 실제로 환경을 위해 노력하는 정도를 평가하고 이에 공감하며, 친환경 제품 선택을 통해 지속 가능한 소비 문화를 만들어 간다.

미래의 그린 마케팅은 지속 가능한 경영 철학을 바탕으로 기업과 소비자가 함께 상호작용하며 성장하는 촉매제 역할을 수행할 것이다. 기업은 그린워싱과 같은 허위 친환경 활동을 지양하고, 진정한 환경보호 노력을 보여 주어야 한다.

또한 소비자 참여를 적극적으로 유도하고, 그들이 환경 보호에 동참할 수 있도록 지원함으로써, 브랜드 신뢰와 시장 점유율을 높이는 동시에 지구 환경 보호에도 기여할 수 있다. 결국, 지속 가능한 경영과 진정성 있는 그린 마케팅은 기업 성장을 촉진하는 촉매제로서, 환경과 경제를 동시에 발전시키는 선순환 구조를 만들어 나가게 된다.

촉매 전략,
마케팅과 혁신의 융합

ⓒ 고기호, 2026

초판 1쇄 발행 2026년 3월 25일

지은이   고기호
펴낸이   이기봉
편집   좋은땅 편집팀
펴낸곳   도서출판 좋은땅
주소   서울특별시 마포구 양화로12길 26 지월드빌딩 (서교동 395-7)
전화   02)374-8616~7
팩스   02)374-8614
이메일   gworldbook@naver.com
홈페이지   www.g-world.co.kr

ISBN   979-11-388-5560-0 (03320)